Hildegard Kretschmer

Wie Jona vom Wal verschluckt wurde

Berühmte Maler erzählen die Bibel

Reclam

Berühmte Maler erzählen die Bibel

Kennst du die Geschichte von der Sintflut? • Wie kam es, dass Noah sich und die Tiere retten konnte? • Hast du schon einmal gehört, was aus dem Baby wurde, das die Tochter des Pharao in einem Körbchen im Schilf am Nilufer fand? • Und weshalb wurde der Babylonische Turm nie fertig gebaut? • Kennst du die Geschichte vom Sieg des kleinen David über den Riesen Goliat und jene von der geheimnisvollen Feuerschrift, die vor König Belsazzar plötzlich an der Wand erschien? • Weshalb wurde der Gottessohn Jesus Christus in einem Stall geboren und was lehrte er später die vielen Menschen, die ihm zuhörten? • Wie war das, als Judas ihn verriet? • Und weißt du auch, wie Jesus den Tod besiegte? • Wie war das eigentlich mit Jona, der ins Meer geworfen wurde und den ein Walfisch verschlang? Drei Tage betete Jona im Bauch des Wales, dann spie ihn der Fisch wieder heil an Land. Jona war gerettet! **Aber weshalb ist das alles geschehen?**

Von diesen und noch vielen anderen Ereignissen erzählen die Bilder und Texte dieses Buches. Sie stammen aus der Bibel, der Heiligen Schrift der Christen und Juden. Die Bibel ist das am weitesten verbreitete Buch der Welt. Es enthält die Geschichte des Volkes Israel im Alten Testament und das Leben und Wirken von Jesus Christus im Neuen Testament. Und es erzählt von Gott und vom Tun und Hoffen der Menschen.

Dieses Buch gibt die bekanntesten Erzählungen der Bibel wieder. Es beginnt mit der Erschaffung der Welt und endet mit dem Pfingstwunder und der Offenbarung des Johannes. Richtig lebendig werden die Texte aber erst durch die Bilder. Berühmte Künstler haben sie geschaffen. Jedes zeigt eine andere biblische Geschichte. In ihren Bildern erzählen uns die Maler – jeder aus seiner Sicht und jeder auf seine eigene Weise – die schönsten und spannendsten Geschichten aus dem Alten und Neuen Testament.

Inhalt

Das Alte Testament

Das Neue Testament

Alle im Buch mit Sternchen gekennzeichneten Wörter werden auf den Seiten 92–95 erläutert.

Alle Tiere dieser Erde

Wie Gott die Welt erschuf

AUS DEM ALTEN TESTAMENT

Am Anfang schuf Gott Himmel und Erde: Er sprach: »Es werde Licht.« Und es wurde Licht. Gott nannte das Licht Tag und die Dunkelheit Nacht. Dies war der erste Tag. Am zweiten Tag machte Gott ein Gewölbe und nannte es »Himmel«. Dann trennte er das Wasser und das Land. Pflanzen und Bäume fingen an zu wachsen. Dies war der dritte Tag. Nun sprach Gott: »Lichter sollen am Himmel sein.« Da entstanden am vierten Tag die Sonne, der Mond und die Sterne. Am fünften Tag schuf Gott die Fische im Wasser und die Vögel am Himmel. Dann sprach Gott: »Auch das Land bringe alle Arten von Tieren hervor.« So kamen am sechsten Tag alle übrigen Tiere auf die Erde, die zahmen und die wilden.

DER MALER

Meister Bertram von Minden (um 1340–1414/15) lebte in Hamburg. Er schuf dort große Altäre* und war der bedeutendste Maler dieser Zeit in Norddeutschland. Viele andere Maler eiferten ihm nach, weil er so leuchtende Farben verwendete und Tiere und Menschen genau beobachtete und für die damalige Zeit sehr lebendig darstellte.

Ist hier wirklich Gottvater dargestellt?

Gottvater sieht hier eigentlich aus wie Jesus Christus – mit seinen dunklen Haaren, dem kurzen Bart und einem Heiligenschein mit einem Kreuz. Lange Zeit war es den Malern nicht erlaubt, Gottvater selbst zu malen, weil das erste Gebot es verbietet, sich ein Bild von Gott zu machen. Außerdem weiß niemand, wie Gott aussieht, denn er ist das große Geheimnis. Deshalb malten früher die Künstler, auch wenn sie Gottvater darstellen wollten, Jesus Christus. Er war als Gottessohn nicht nur Gott, sondern auch Mensch. Ihn durfte man darstellen. Als Meister Bertram lebte, zeigten allerdings die meisten Maler Gottvater bereits als alten Mann mit weißen Haaren und einem weißen Bart.

Erkennst du die Tiere?

Links sind die Tiere des Landes zu sehen. Auf der rechten Seite sind unten die Tiere des Wassers dargestellt und darüber die Vögel. Sie scheinen in der Luft zu sitzen, und auch die Fische schwimmen im Goldgrund statt im Wasser. Das, was wir eigentlich hintereinander sehen, hat Meister Bertram einfach übereinander gemalt. Deshalb erscheint uns alles ein bisschen flach. Doch so wie die meisten Tiere schauen, wirken sie sehr lebendig. Meister Bertram hat sie sicher genau angesehen. Das haben damals noch nicht alle Künstler so gemacht. Oft malten sie einfach ein Vorbild aus einem Musterbuch ab.

Was bedeutet der goldene Hintergrund?

Hinter Gott erscheint auf dem Bild keine Landschaft. Der ganze Hintergrund ist mit Gold überzogen. Sein Glanz und seine Kostbarkeit sollen das Besondere, das Heilige des Geschehens zeigen.

Dieses Bild vom sechsten Schöpfungstag hat Meister Bertram vor mehr als 600 Jahren in der Zeit der Gotik* gemalt: Gott segnet die von ihm erschaffenen Tiere, damit es ihnen gut geht. Gott ist viel größer gemalt als selbst die größten Tiere. Doch wie ein Freund wendet er sich ihnen zu. Seine rechte Hand hat er zum Segen ausgestreckt. Diese Handhaltung begegnet uns auch sonst oft auf Bildern.

Meister Bertram von Minden: Die Erschaffung der Tiere

Ein göttlicher Funke

Der erste Mensch beginnt zu leben

AUS DEM ALTEN TESTAMENT

A m Ende des sechsten Tages schuf Gott den Menschen. Er sprach: »Lasst uns den Menschen machen nach unserem Bilde. Er soll uns ähnlich sein. Er soll herrschen über die Erde.« So schuf Gott den Menschen als sein Abbild. Aus dem Staub des Erdbodens bildete er einen Mann und hauchte ihm seinen göttlichen Atem ein. Da entstand Adam, der erste Mensch. Dann sprach Gott: »Es ist nicht gut, dass der Mensch allein sei.« Deshalb gab er ihm auch eine Gefährtin. Sie hieß Eva. Dann segnete Gott die Menschen und er sah, dass alles gut gelungen war. Am siebten Tage aber ruhte er.

DER MALER

Michelangelo Buonarroti (1475–1564) arbeitete vor allem als Bildhauer und Architekt in Florenz und Rom. Die berühmte Statue des David stammt von ihm. Sein Hauptwerk als Maler sind die Deckenbilder und die Darstellung des Jüngsten Gerichts in der Sixtinischen Kapelle des Papstpalastes im Vatikan. Michelangelo malte gerne kräftige Formen und leidenschaftliche Bewegungen. Er war aber auch Dichter und Festungsbauingenieur.

Schon zu seinen Lebzeiten vor ungefähr fünfhundert Jahren war er ein berühmter Künstler. Als ihm Papst Julius II. den Auftrag erteilte, in der Kapelle des päpstlichen Palastes in Rom Deckenbilder zu malen, hat ihm das erst gar nicht gefallen. Es war eine riesige Fläche zu bewältigen, und Michelangelo war vor allem Bildhauer und Architekt, nicht Maler. Doch dann malte er die Geschichte von der Erschaffung der Welt bis zu Noah in einer so großartigen Weise, dass eines der berühmtesten Werke der Malerei überhaupt entstand.

Michelangelo hat Adam schön und vollkommen gemalt. In seiner Haltung ist er ganz auf Gott bezogen, fast wie ein Spiegelbild. So erinnert der Künstler auch in seiner Malerei an die Worte der Bibel, dass Gott den Menschen nach seinem Abbild geschaffen hat.

Der Name Adam kommt aus dem Hebräischen, der ursprünglichen Sprache des Alten Testaments. Er bedeutet »der erste Mensch«.

Michelangelo: Die Erschaffung des Menschen

Wie stellte sich Michelangelo die Erschaffung des ersten Menschen vor?

Michelangelo zeigt nicht, wie Gott den Menschen aus Lehm formte. Adam ruht hier schon mit aufgestütztem Arm auf dem Boden. Gottvater kommt aus dem Himmel. Er hat weiße Haare und einen weißen Bart. Trotzdem wirkt er nicht wie ein alter Mann. Von seiner Gestalt geht eine ungeheure Kraft aus. Gott streckt Adam seine rechte Hand entgegen. Auch Adam hat seinen Arm erhoben, doch noch kraftlos und schwach. Adam schaut zu Gott und Gott schaut auf Adam.

Was für ein Augenblick!

Vor dem hellen Himmel berührt der Zeigefinger Gottes beinahe Adams Hand. Es ist, als würde gleich ein elektrischer Funken überspringen. In diesem Moment beginnt Adam wirklich zu leben! Gottes Geist beseelt ihn. Der erste Mensch wird ins eigentliche Leben gerufen.

Die Schlange im Paradies

Wie das Böse in die Welt kam

Mit den vielen wilden und zahmen, großen und kleinen, exotischen und heimischen Tieren und der schönen Landschaft sieht in diesem Bild wirklich alles paradiesisch aus. Und wie vertraut die Menschen mit den Tieren und der Natur sind!

AUS DEM ALTEN TESTAMENT

Adam und Eva lebten im Garten Eden, dem Paradies. Dort ließ Gott die schönsten Früchte wachsen. Die Menschen sollten den Garten hüten und bebauen. Nur von den Früchten des Baumes der Erkenntnis von Gut und Böse in der Mitte des Gartens durften sie nicht essen. Gott sagte zu ihnen: »Ihr sollt das Böse nicht kennen. Deshalb dürft ihr von diesem Baum nicht essen, sonst müsst ihr sterben.« Da kam das Böse in Gestalt der Schlange und verführte die Menschen. »Wenn ihr diese Früchte esst, werdet ihr sein wie Gott und alles wissen«, versprach sie. Das gefiel den Menschen, und Eva nahm von den Früchten des Baumes. Sie aß und gab auch Adam davon. Danach schämten sie sich. Sie erkannten, dass sie nackt waren und hefteten Feigenblätter zusammen, um sich ein Gewand zu machen. Außerdem hatten sie nun Angst vor Gott und versteckten sich. Als Gott kam, stellte er Adam zur Rede. Der aber beschuldigte Eva und Eva die Schlange. Da verfluchte Gott die Schlange, Adam und Eva aber vertrieb er aus dem Paradies.

Schau mal, wo die meisten Tiere ihren Kopf hinwenden!

Zu Adam und Eva – da sollen auch wir hinschauen. Es ist kaum zu glauben, aber hier ereignet sich gerade die dramatische Geschichte, in der die ersten Menschen gegen Gottes Gebot verstoßen. Um einen Ast des Baumes der Erkenntnis ringelt sich die Schlange. Eva hat gerade von der verbotenen Frucht gekostet. Nun gibt sie den Apfel Adam. Der schaut zwar etwas fragend, aber greift danach. Da pflückt Eva gleich noch einen Apfel vom Zweig, den ihr die Schlange, die Verführerin, hinhält.

DER MALER

Jan Brueghel der Ältere (1568–1625) und
Peter Paul Rubens (1577–1640)
Beide Künstler lebten in Antwerpen im heutigen Belgien und waren befreundet. Wie auch andere Maler arbeiteten sie manchmal zusammen. So malten sie vor fast vierhundert Jahren gemeinsam auch dieses Bild: Jan Brueghel der Ältere, ein Meister des Erzählens, schuf die Landschaft und die Tiere. Adam und Eva stammen dagegen von Peter Paul Rubens, einem großartigen Figurenmaler und einem der berühmtesten Maler überhaupt.

Weshalb einen Apfel?

Obwohl die Bibel nicht sagt, welche Frucht es war, haben die meisten Maler einen Apfel gemalt. Der lateinische Name des Apfels lautet nämlich gleich wie das lateinische Wort für das Böse: malum. So wird schon seit langer Zeit der Apfel als Frucht des Baumes der Erkenntnis gemalt.

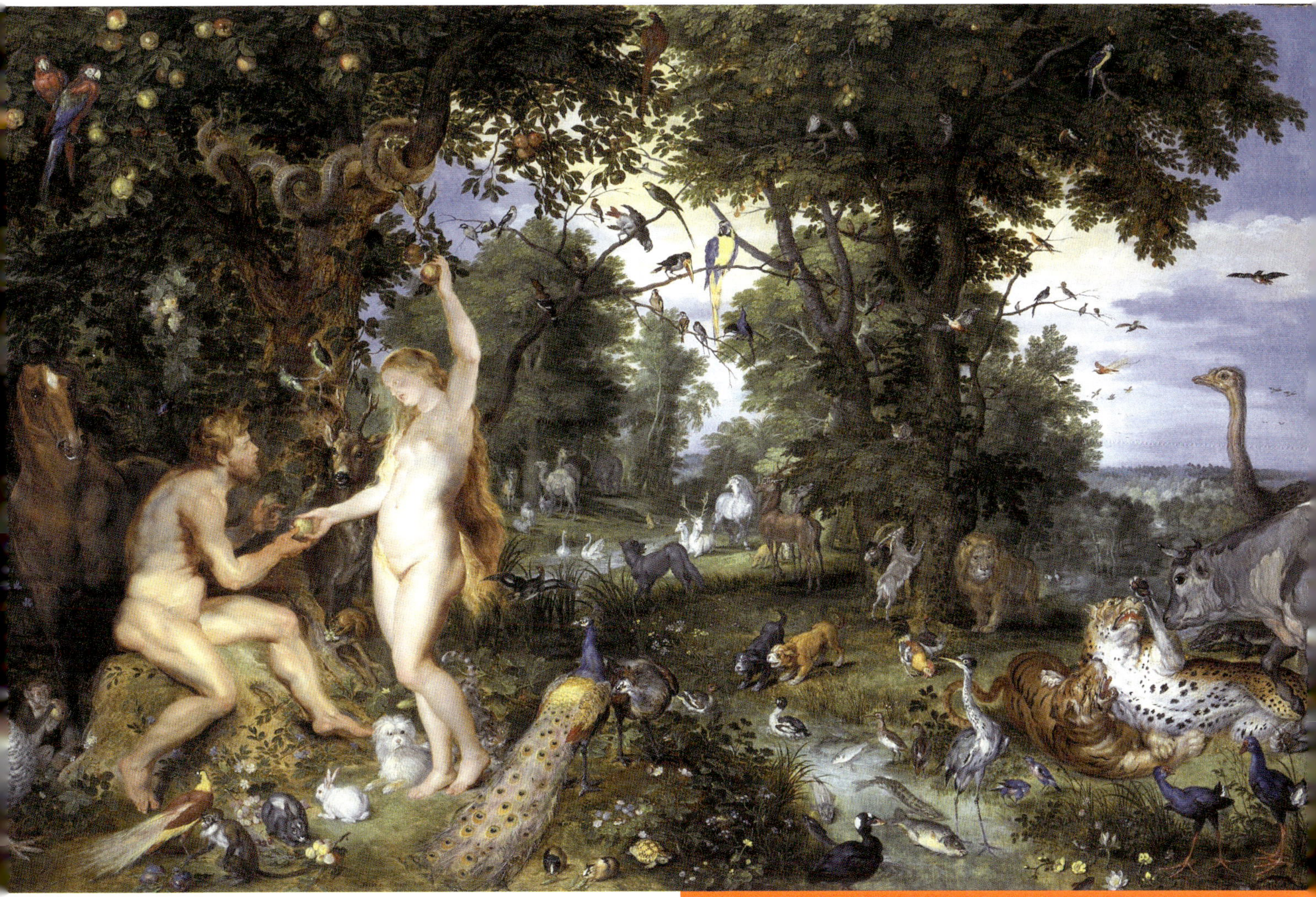

Jan Brueghel der Ältere und Peter Paul Rubens: Adam und Eva

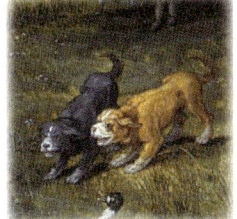

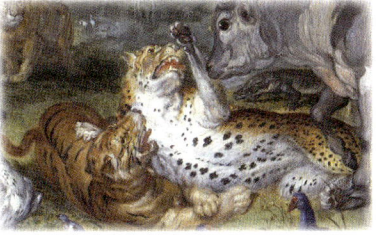

Wie die Geschichte weiterging, zeigt uns das Bild nicht mehr. Doch sind die sich balgenden Raubkatzen und die bellenden Hunde vielleicht ein Hinweis darauf, dass es nun mit dem Frieden im Paradies vorbei war?

Wie stellst du dir das Paradies vor?

Für die meisten Menschen ist das Paradies eine Welt voll Glück und ohne Leid. Der Name Garten Eden bedeutet im Hebräischen, das ist die ursprüngliche Sprache der Bibel, Garten der Freude. Und auch fast alle anderen Völker und Religionen kennen alte Erzählungen von einem Ort, an dem die Menschen gut und glücklich waren.

Der erste Mord

Die Geschichte von Kain und Abel

Weshalb wohl hat Gott das Opfer Kains nicht angenommen?

Hat Kain nicht die schönsten Früchte genommen? Oder war er vielleicht neidisch und schon vorher auf seinen jüngeren Bruder eifersüchtig? War er hochmütig? Kain war Ackerbauer. Diese Menschen waren sesshaft. Sie lebten in Häusern und Städten. Und sie sahen herab auf die Viehhirten wie Abel, die immer noch mit ihren Herden durch das Land zogen und nur in Zelten wohnten. Hat Gott deshalb Kains Opfer nicht angenommen?

AUS DEM ALTEN TESTAMENT

D ie beiden ersten Kinder von Adam und Eva waren Kain und Abel. Als sie groß waren, wurde Kain ein Ackerbauer und Abel ein Schafhirte. Eines Tages brachte Kain von seinen Früchten Gott ein Opfer dar. Auch Abel nahm ein Tier seiner Herde, um es zu opfern. Abels Opferrauch stieg gerade zum Himmel auf und gefiel Gott. Das Opfer Kains aber nahm er nicht an. Das ärgerte Kain sehr. Kain sagte zu Abel: »Lass uns aufs Feld gehen!« Dort erschlug Kain seinen Bruder Abel. Gott aber sah es und stellte Kain zur Rede: »Wo ist dein Bruder? Sein Blut schreit zu mir!« Dann verfluchte Gott Kain und verdammte ihn dazu, durch die Welt zu irren.

DER MALER

Johann Michael Rottmayr (1654–1730) lebte in Österreich. Die Malerei hat er in Venedig erlernt. Aber auch die Bilder von Peter Paul Rubens, von dem Adam und Eva im Bild auf der vorhergehenden Seite stammen, waren ein wichtiges Vorbild für ihn. Rottmayr schuf neben Gemälden viele Wand- und Deckenbilder in Kirchen, Klöstern und Schlössern. Seine Werke finden wir in Salzburg, Wien, Melk und Breslau (heute Wroclaw).

Wie erzählt der Maler die Geschichte der beiden Brüder?

Johann Michael Rottmayr zeigt nicht die schreckliche Tat selbst, sondern ihre Folgen, das Leid, das sie in die Welt gebracht hat. Adam und Eva trauern um ihren toten Sohn. Rottmayr war ein Maler des Barock*. Damals, vor 300 Jahren, war es für die Künstler wichtig, dass die Geschichten, die sie malten, bei dem, der sie betrachtete, Gefühle erweckten. Sie malten Bilder mit viel Bewegung, damit auch die Betrachter innerlich bewegt würden. Schau dir die unterschiedlichen Hände in diesem Bild an. Der Maler scheint vor allem auch mit ihnen die Geschichte zu erzählen.

Ist es nicht furchtbar? Schon die Geschichte der ersten Menschen ist vom Bösen überschattet. Der tote Abel liegt ganz nah vor unseren Augen ausgestreckt auf dem Boden. Adam kniet voll Trauer neben seinem Sohn und betet. Eva steht, zeigt uns Abel und weist zugleich zu Gott in den Wolken. Gott wiederum erhebt die Hand und blickt zornig auf Kain, der wegläuft. Das Feuer auf den Opferaltären brennt noch.

Johann Michael Rottmayr:
Adam und Eva klagen
um den toten Abel

15

Rettung in der Arche Noah

Die große Flut

Der Maler Jan Brueghel erzählt in unzähligen Einzelheiten, wie er sich eine derartig schreckliche Flut vorstellte.

Der Himmel ist dunkel und bedrohlich, und das Wasser hat schon das ganze Tal überschwemmt. Im Hintergrund versinkt eine Stadt in den Fluten. Vorne an den höher liegenden Hängen versuchen sich Menschen verzweifelt in Sicherheit zu bringen. Aber das Wasser steigt. Es gibt kein Entrinnen. Welch riesige Angst die Menschen wohl haben, die auf die Berge klettern und ihr Hab und Gut mit sich schleppen? Einige kämpfen schon mit dem Wasser. Andere steigen noch auf Bäume. Manche schreien. Fast alle sind voll Panik und Verzweiflung. Auch die Tiere.

Nur in der Bildmitte treibt sicher und ruhig die Arche Noahs in den Fluten. Durch ein helles Licht, das auf sie fällt, zeigt uns der Maler Jan Brueghel, dass Gott sie bewahren wird.

AUS DEM ALTEN TESTAMENT

Bald lebten viele Menschen auf Erden. Doch Gewalt und Streit herrschten unter ihnen. Da reute es Gott, dass er die Menschen erschaffen hatte. Zu Noah, der gut geblieben war, sagte er: »Ich werde alles Leben auf der Erde vernichten, dich aber will ich retten. Bau dir ein großes Schiff. Wenn es fertig ist, geh in diese Arche, nimm deine Familie mit und von allen Tieren auf der Erde je zwei, ein Männchen und ein Weibchen. Nimm auch genug Vorrat für alle mit, denn ich werde es vierzig Tage und vierzig Nächte lang regnen lassen.« Als Noah die Arche fertig hatte, kam die Sintflut. Es begann zu regnen. Das Wasser stieg immer höher. Alle Menschen und Tiere ertranken. Nur Noah und die Seinen überlebten in der Arche. Nachdem es aufgehört hatte zu regnen, schickte Noah einen Raben und hernach zwei Tauben aus. Die zweite Taube brachte einen Olivenzweig mit, da wusste Noah, dass es wieder trockenes Land gab. Wenig später konnten alle die Arche verlassen. Noah brachte Gott ein Dankopfer dar. Nun schloss der Herr mit Noah einen Bund: »Ich will die Erde nicht noch einmal verfluchen. Der Regenbogen, den ich in die Wolken setze, soll ein Zeichen des Bundes zwischen mir und euch und allen lebenden Wesen sein.«

DER MALER

Jan Brueghel der Ältere (1568–1625) war ein Sohn des berühmten Pieter Bruegel, der den *Turmbau zu Babel* (Seiten 18/19) gemalt hat. Von Jan stammen außer diesem Bild auch die Paradieslandschaft mit *Adam und Eva* (Seiten 12/13) und *Jona und der Walfisch* (Seiten 46/47). Er war Hofmaler in den südlichen Niederlanden, dem heutigen Belgien. Wegen seiner Blumenbilder wird er auch Blumen-Brueghel genannt.

Alte Erzählungen über eine große Flut gibt es überall auf der Welt. Vor vielen vielen Tausenden von Jahren muss eine riesige Flutkatastrophe große Teile der Erde überschwemmt haben. Aber auch heute gibt es oft noch Hochwasser, durch das viele Menschen nicht nur all ihr Hab und Gut verlieren, sondern auch in den Fluten umkommen.

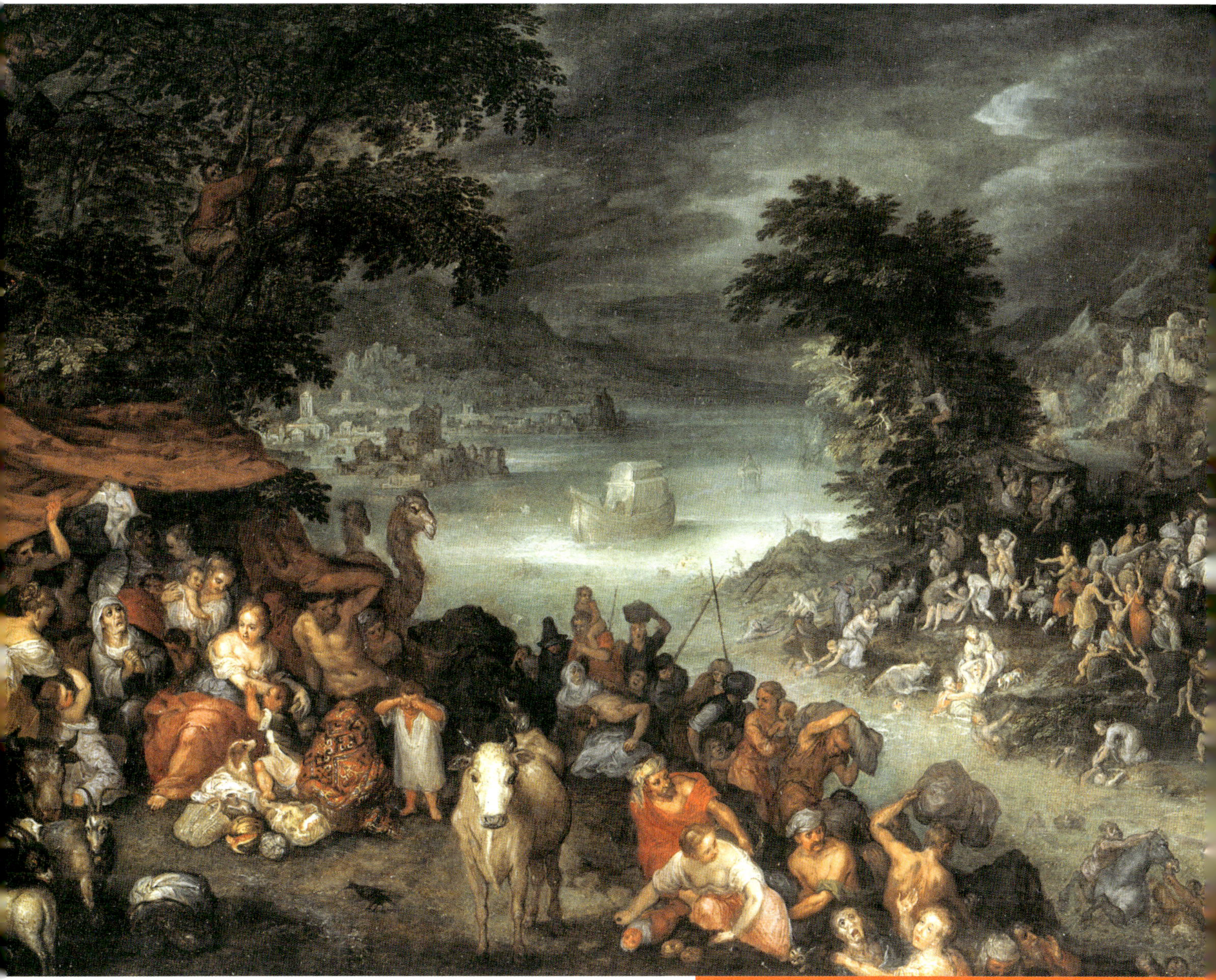

Jan Brueghel der Ältere: Sintflut mit Arche Noah

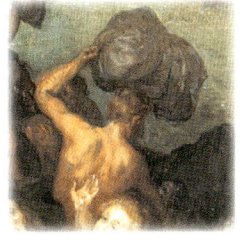

Um 1600, als dieses Gemälde entstand, waren Katastrophenbilder wie die Darstellung der Sintflut sehr beliebt. Damals herrschten politisch unruhige Zeiten und Religionskriege tobten. Evangelische und katholische Christen standen sich als Feinde gegenüber. Außerdem gab es oft Hungersnöte, Stürme und Überschwemmungen.

Hast du schon einmal das Bild einer Taube mit einem Ölzweig im Schnabel gesehen?
Das ist ein auf der ganzen Welt verbreitetes Zeichen für Frieden. Es stammt aus der Geschichte von Noah.

Sprachenwirrwarr in Babylon

Ein Turm bis in den Himmel

In einer weiten Ebene an einem Fluss nahe am Meer wird mitten in einer Stadt ein gewaltiger Turm gebaut. Er reicht schon bis an die Wolken und wirft einen mächtigen Schatten. Aber er ist noch nicht fertig.

An allen Ecken und Enden sehen wir Arbeiter beim Bau. Auch der König mit seinem Gefolge ist gekommen. Einige Arbeiter fallen vor ihm auf die Knie. Dahinter, beim Turm, gibt es Fuhrwerke, Bauhütten, einen hölzernen Tretkran und einen Galgenaufzug. Noch weiter oben ist sogar ein Auslegekran zu erkennen, wie er früher vor allem zum Beladen von Schiffen verwendet wurde. Wie mächtig dieser Turm ist! Geräte, Arbeiter und sogar die Stadt wirken neben ihm winzig und unbedeutend. Doch steht er eigentlich gerade?

AUS DEM ALTEN TESTAMENT

Noahs Nachkommen wurden wieder zu einem großen Volk. Sie sprachen alle dieselbe Sprache. So konnten sie einander verstehen. Mit ihren Familien und ihren Tieren zogen sie über Land und blieben, wo es ihnen gefiel. Eines Tages begannen sie in einer weiten Ebene zwischen den Strömen Euphrat und Tigris eine Stadt zu bauen. Sie war groß und schön. Dann beschlossen die Menschen, auch einen Turm zu errichten. Seine Spitze sollte bis zu Gott in den Himmel reichen. Aber Gott gefiel dieses hochmütige Tun nicht. So verwirrte er ihre Rede. Keiner konnte mehr die Sprache des anderen verstehen. Der Turm wurde nicht mehr zu Ende gebaut. Gott zerstreute die Menschen über die ganze Erde. Die Stadt aber, in der sie den Turm gebaut hatten, nannten sie »Babel«, das heißt Wirrwarr.

DER MALER

Pieter Bruegel der Ältere (gegen 1530–1569) war der bedeutendste niederländische Maler im 16. Jahrhundert. Schon zu seinen Lebzeiten war er für seine kleinteiligen Jahreszeitenbilder, biblischen Geschichten und Bauernszenen berühmt. Man nannte ihn den »drolligen Peter«.

Hat Babel wie die Stadt auf diesem Bild ausgesehen?

Die Ströme Euphrat und Tigris liegen im heutigen Irak. Babel war vielleicht das alte Babylon. Dort baute man große Stufentempel und Häuser aus Lehmziegeln. Der Maler Pieter Bruegel, der in Flandern, im heutigen Belgien, zu Hause war, kannte das nicht. So nahm er für sein Bild lieber eine Stadt seiner Heimat zum Vorbild. Enge Gassen und niedrige Häuser, die nur von Kirchen und Türmen überragt wurden, waren dort üblich. Für den Turm malte er dagegen antike* Ruinen in Rom nach. Die kannte der Maler von einer Italienreise. Pieter Bruegel hat die Geschichte vom Turmbau zu Babel in seine eigene Zeit verlegt. Damit wollte er seine Zeitgenossen warnen: Seid nicht überheblich, sonst ergeht es euch so wie denen, die einen Turm bis in den Himmel bauen wollten.

Pieter Bruegel der Ältere: Der Turmbau zu Babel

Kann man wirklich so bauen?

Weshalb wird unten, oben und
in der Mitte gleichzeitig gebaut?
Ganz oben werden sogar schon
Fassaden errichtet, obwohl dahinter noch gar kein Mauerwerk steht!
Ob die Menschen einander da
überhaupt noch verstanden
haben? Dieses Werk kann nicht
gelingen!

Wer baut heute die größten Hochhäuser?

19

Bereitschaft zum Opfer

Die Geschichte von Abraham

AUS DEM ALTEN TESTAMENT

Im Lande Ur, einer fruchtbaren Gegend, lebte ein Mann mit Namen Abraham. Aber Gott befahl ihm, in ein neues Land zu ziehen. Abraham gehorchte und brach mit seiner Frau Sara und all seinem Vieh auf ins Land Kanaan. Da sprach Gott zu Abraham: »Dies ist das Land, das ich dir und deinen Nachkommen geben will. Ich werde einen Bund mit dir schließen und du sollst der Stammvater vieler Völker werden.«

Abraham und Sara, die schon alt waren und keine Kinder hatten, bekamen einen Sohn. Sie freuten sich sehr und gaben ihm den Namen Isaak. Als Isaak größer war, wollte Gott Abrahams Glauben prüfen. Er stellte ihn auf die Probe: »Nimm deinen Sohn, den du lieb hast, und bringe ihn auf einem Berg als Opfer dar.« Abraham erschrak fürchterlich, aber er wollte Gott gehorchen. So machte er sich mit seinem Sohn auf den Weg. Isaak fragte den Vater: »Wo ist das Lamm für das Opfer?« Abraham antwortete ihm: »Gott wird dafür sorgen!« Auf dem Berg baute Abraham einen Altar. Dann nahm er das Messer, um seinen Sohn zu töten. Da kam ein Engel und rief: »Abraham, Abraham! Tu Isaak nichts zu Leide! Weil du auf Gott gehört hast und bereit warst alles zu opfern, soll dir Segen in großer Fülle geschenkt werden.«

Abraham fand einen Widder, der sich mit seinen Hörnern in einem Dornengestrüpp verfangen hatte. Den opferte er nun. Dann kehrte er mit seinem Sohn zurück.

DER MALER

Rembrandt Harmensz van Rijn (1607?–1669) war der Sohn eines Müllers in Holland. Heute gilt er als einer der berühmtesten Maler überhaupt. Viele Aufträge brachten ihm großen Reichtum, den er in vollen Zügen genoss. Doch dann folgte der finanzielle Zusammenbruch. Seine Bilder kamen aus der Mode. Rembrandt malte im Gegensatz zu den anderen Malern die Menschen nämlich nicht schöner und großartiger als sie in Wirklichkeit waren. Besonders bekannt wurde er für seine starken Gegensätze von Hell und Dunkel.

Das Land Ur, von dem Abraham auszog, lag im heutigen Irak. Kanaan ist ungefähr das heutige Israel. Abraham und seine Familie waren Nomaden. Sie wohnten in Zelten und zogen mit ihren Tieren von Weideland zu Weideland. In dieser alten Zeit wurden den Göttern auch noch Menschen geopfert. Abrahams Geschichte zeigt, dass der Gott der Bibel diese grausamen Menschenopfer nicht will, wohl aber bedingungslose Hingabe. Für diesen Gehorsam machte Gott Abraham zum Stammvater seines auserwählten Volkes.

Wohin deutet der Engel?
Der Engel weist zum Himmel, zum Licht und gebietet Einhalt im Namen Gottes. Abraham hat noch gar nicht verstanden, dass seine Prüfung zu Ende ist, dass sein Sohn gerettet ist. Nur wir sehen links im Bild schon den Widder, den er opfern wird.

Diese Geschichte ist so schrecklich, dass man sie eigentlich gar nicht aushalten kann! Trotzdem haben die Maler sie oft gemalt. Isaak liegt hier fast nackt und gefesselt auf dem Boden. Seinen Kopf drückt Abraham gegen den Holzstoß. Der Vater ist bleich und grau vor Schmerz und Entsetzen, doch er ist bereit, Gottes Befehl zu gehorchen. Da kommt ein Engel aus der Tiefe des Bildes und packt Abraham am Handgelenk. Das Messer fällt ihm aus der Hand.

Der Maler Rembrandt und einer seiner Schüler haben dieses Bild vor etwa 370 Jahren geschaffen. Rembrandt hat genau den Höhepunkt der Geschichte festgehalten. Das Messer schwebt noch in der Luft. Noch weist es auf Isaaks Kehle. Alles Wichtige ist grell beleuchtet – Isaaks helle Haut, Abrahams gramverzerrtes Gesicht, die Hände des Engels. Und alles so unerträglich nah!

Rembrandt und Schüler:
Opferung Isaaks

Der Trick mit den Handschuhen

Jakob betrügt Esau

Der Segent des Erstgeborenen spricht vom Tau des Himmels und vom Fett der Erde. Tau und ein fetter Boden waren wichtig in einer Steppengegend mit wenig Regen, wie es Kanaan war. Oft war der Tau das einzige Wasser, das es dort gab. Nach dem damaligen Recht bekamen die erstgeborenen Söhne einen größeren Teil des Erbes und übernahmen nach dem Tod des Vaters seine Rolle als Familienoberhaupt.

AUS DEM ALTEN TESTAMENT

Isaak heiratete später Rebekka, eine Frau aus der alten Heimat des Vaters. Sie bekamen Zwillinge. Esau erblickte von den beiden zuerst das Licht der Welt, dann kam Jakob. Als die Zwillinge größer wurden, ging Esau mit dem Vater auf das Feld und auf die Jagd, Jakob aber blieb bei der Mutter im Zelt. Er war ihr Liebling. Einmal kam Esau erschöpft von der Jagd zurück. Jakob kochte gerade Linsen. Esau wollte davon essen, doch Jakob, der schon immer gern der erste Sohn gewesen wäre, verlangte dafür dessen Recht als Erstgeborener. Schwach vor Hunger willigte Esau ein. Später, als der Vater im Sterben lag, rief er nach Esau, seinem Erstgeborenen, um ihn zu segnen. Doch Jakob betrog mit Hilfe seiner Mutter den blinden alten Vater. So erhielt er den nur dem Erstgeborenen zustehenden besonderen Segen: »Es gebe dir Gott vom Tau des Himmels und vom Fett der Erde. Völker sollen dir dienen. Du sollst der Gebieter über deine Brüder sein, sie sollen sich vor dir verneigen.« Als Esau kam und um den Erstlingssegen bat, konnte der Vater den schon Jakob erteilten Segen nicht mehr zurücknehmen. Da schwor Esau Rache. Jakob musste fliehen.

DER MALER

Govaert Flinck (1615–1660) stammte aus Kleve in Deutschland, aber er ging nach Amsterdam, wo er ein Schüler Rembrandts wurde. Auf dem Höhepunkt seiner Karriere war er dort als Maler von Porträts* und biblischen Erzählungen sogar angesehener als sein Lehrer. Man hielt ihn damals für den besten Maler von Amsterdam! Heute kennen ihn nur wenige, viele aber Rembrandt.

Isaak ist alt und blind. Er sitzt in seinem Bett. Ein pelzgefütterter Mantel wärmt ihm die Schultern, eine Decke die Beine. Den prächtigen Turban hat er abgelegt. Er möchte vor dem Sterben seinen erstgeborenen Sohn segnen. Doch es ist Jakob, der vor dem Vater kniet!

Läuft alles so, wie die Mutter es geplant hat?

Die Frau im Hintergrund ist Rebekka, die Mutter. Lauernd blickt sie auf ihren Mann Isaak – ihr Plan scheint zu glücken.

Wird der Vater merken, dass er nicht Esau vor sich hat?

Jakob trägt die Kleider seines Bruders und hat Handschuhe angezogen. Seine Hände sind nämlich nicht so behaart wie die von Esau. Hinter Jakob duftet auf einem Teller ein Braten. Die Mutter Rebekka hat ihn genau so zubereitet, wie es sonst Esau für den Vater tat. Unsicher und ängstlich blickt Jakob zum Vater hoch, der seine Hand ergriffen hat. Wird die Täuschung gelingen? Doch da spricht Isaak über Jakob den Segen, der nur dem Erstgeborenen zusteht.

Govaert Flinck: Isaak segnet Jakob

Was geht in den Gesichtern dieser Menschen vor?

Der Maler Govaert Flinck erzählt uns die Geschichte in diesem eigentlich stillen Bild vor allem in den unterschiedlichen Blicken der Dargestellten. Der blinde Vater schaut mehr in sich als nach außen, Jakob blickt ängstlich, Rebekka lauernd und siegesgewiss. Wir werden ganz nahe an die Szene herangeholt. So werden wir Zeugen des Geschehens.

Engel auf der Himmelsleiter

Jakobs wunderbare Erlebnisse

Jakob ist auf der Flucht vor seinem Bruder Esau. Es ist eine einsame Gegend. Niemand wohnt hier. Die Sonne ist untergegangen. Jakob hat sich auf einen Stein gelegt und schläft. Da schickt Gott ihm einen Traum.

AUS DEM ALTEN TESTAMENT

Jakob floh in das Land seiner Mutter, weil er Angst vor Esau hatte. Doch trotz seines betrügerischen Tuns beschützte ihn Gott. Er begegnete ihm in einem Traum. Da stiegen auf einer Leiter Engel als Boten Gottes vom Himmel herab. Oben stand Gott selbst: »Ich bin der Gott Abrahams und der Gott Isaaks. Das Land, auf dem du ruhst, will ich dir und deinen Nachkommen geben. Ich verlasse dich nicht und behüte dich, wohin du auch gehst.« Jakob fasste wieder Mut. Er diente dann sieben Jahre seinem Onkel Laban, um dessen Tochter Rahel zur Frau zu bekommen. Doch Laban täuschte ihn und gab ihm Lea, seine ältere Tochter. Nun war Jakob der Betrogene. Er musste für Rahel nochmals sieben Jahre dienen. Später bekam Jakob zwölf Söhne und wurde, weil er auch weiterhin voller List war, sehr reich. Er wollte nun in seine Heimat zurückkehren und sandte Boten zu Esau. Weil er Angst hatte, schickte er auch einen Teil seiner Herde voraus, um die Tiere seinem Bruder zum Geschenk zu machen. Er selbst blieb allein an einem Fluss zurück. In dieser Nacht sandte Gott einen Engel zu Jakob. Er kämpfte mit ihm. Sie rangen die ganze Nacht. Jakob gab nicht auf und rief: »Ich lasse dich nicht, bis du mich segnest.« Da sprach der Engel: »Nicht Jakob, sondern Israel soll dein Name sein. Denn du hast dich Gott gegenüber als stark erwiesen.« Und er segnete Jakob. Seither heißen die Nachkommen Jakobs Israeliten. Als Esau und Jakob am nächsten Tag einander begegneten, verneigte sich Jakob voll Furcht siebenmal vor seinem Bruder und bot ihm seine Geschenke an. Doch Esau fiel ihm um den Hals. So versöhnten sich Jakob und Esau.

Manchmal haben Menschen ganz besondere Träume.

Ein helles Licht fällt auf Jakobs Gesicht. Hinter seinen geschlossenen Augen scheint sich etwas Besonderes zu vollziehen. Wenn wir genau hinschauen, entdecken wir im Licht, das auf Jakob fällt, die Himmelsleiter. Was geschieht hier? Engel, die Boten Gottes, steigen auf dieser Leiter auf und ab. Das, was Gott selbst zu Jakob sagte, konnte der Maler Jusepe de Ribera natürlich nicht zeigen. Gottes Versprechen, Jakob trotz allem, was geschehen war, nicht zu verlassen und ihn zu behüten, versucht er deshalb in der Ruhe und Stille des Bildes auszudrücken. Es ist von einer leichten, schwebenden Stimmung erfüllt.

Am nächsten Morgen wird Jakob den Stein, auf dem er schlief, als Denkmal aufstellen, um daran zu erinnern, dass dieser Ort heilig ist. Und er wird Gott geloben, dass er hier ein Gotteshaus bauen und Gott ein Zehntel seines Besitzes geben wird, wenn er wieder nach Hause zurückkehren kann.

Jusepe de Ribera: Jakobs Traum

DER MALER

Jusepe de Ribera (1591–1652) war ein spanischer Barock-maler*. Er lebte aber lange Zeit in der italienischen Stadt Neapel, die damals von den Spaniern beherrscht wurde. Starke Gegensätze von Hell und Dunkel und oft auch leuch-tende Farben bestimmen viele Werke von Ribera. Außerdem ist er für seine grausamen Martyriumsbilder* bekannt.

Neidische Brüder

Die Geschichte von Josef

AUS DEM ALTEN TESTAMENT

Jakob hatte zwölf Söhne. Josef, der Träumer, war sein Liebling. Seine Brüder ärgerten sich darüber. Eines Tages warfen sie Josef in einen ausgetrockneten Brunnen. Als ägyptische Kaufleute vorbeikamen, verkauften sie ihn als Sklaven. Josefs Gewand beschmierten sie mit dem Blut eines geschlachteten Zickleins, dann brachten sie es dem Vater. Da glaubte Jakob, ein wildes Tier habe Josef getötet. In Ägypten wurde Josef Sklave im Haus des Potifar. Weil er alles zur vollsten Zufriedenheit seines Herrn erledigte, wurde er zum Verwalter ernannt. Doch die Frau des Potifar brachte ihn mit falschen Beschuldigungen ins Gefängnis. Dort deutete Josef die Träume seiner Mitgefangenen. Da ließ ihn der Pharao holen. Er hatte von sieben fetten Kühen geträumt, die von sieben mageren Kühen aufgefressen wurden. Und von sieben vertrockneten Ähren, die sieben volle Ähren verschlangen. Josef sagte dem Pharao, dass sieben sehr fruchtbare Jahre kommen würden, dann aber sieben schreckliche Hungerjahre. Er riet dem Pharao, den Überfluss der ersten Jahre in großen Scheunen als Vorrat für die Notzeiten zu sammeln. Alles geschah, wie Josef es geraten hatte, und der Pharao machte ihn zum Aufseher über ganz Ägypten. Als die Hungersnot über die Erde hereinbrach, erhielten die Menschen bei Josef Getreide.

DER MALER

Diego Velázquez (1599–1660) gilt als einer der bedeutendsten spanischen Maler. Als er noch in seiner Geburtsstadt Sevilla lebte, stellte er vor allem Szenen aus dem Alltag dar. Dann ging er nach Madrid, um dem König zu dienen. Er wurde Hofmarschall und malte nun Porträts*, religiöse Bilder und Szenen aus den antiken Sagen. Das waren Themen, die für einen König geeignet waren. Velázquez war nämlich noch mehr ein Hofbeamter als ein Maler. Diesem Dienst ordnete er auch seine Kunst unter.

Das Bild zeigt, wie fünf von den Brüdern Josefs Gewand zum Vater bringen. Der ist ein vornehmer, würdevoller Mann. Er sitzt in einer großen Halle. Ein kostbarer Teppich bedeckt den Marmorboden. Doch Jakob hat vor Schreck die Arme nach oben geworfen. Voll Angst und Entsetzen starrt er auf das blutverschmierte Gewand in den Händen seiner Söhne. Es gehört Josef, seinem Liebling – er muss tot sein!

Der spanische Maler Diego Velázquez hat die Figuren groß und ganz nah gemalt. Alles sieht so echt aus. Wie auf einer Bühne stehen die Brüder vor uns und wir als Zuschauer fast mitten unter ihnen. Gehören auch wir zu den unehrlichen Brüdern? Hat der Maler deshalb nicht alle gezeigt? Und hat er die Gegensätze zwischen den grell beleuchteten und den im Schatten verschwindenden Körpern deshalb so hart gemalt, damit unser Erschrecken darüber noch ein bisschen größer wird?

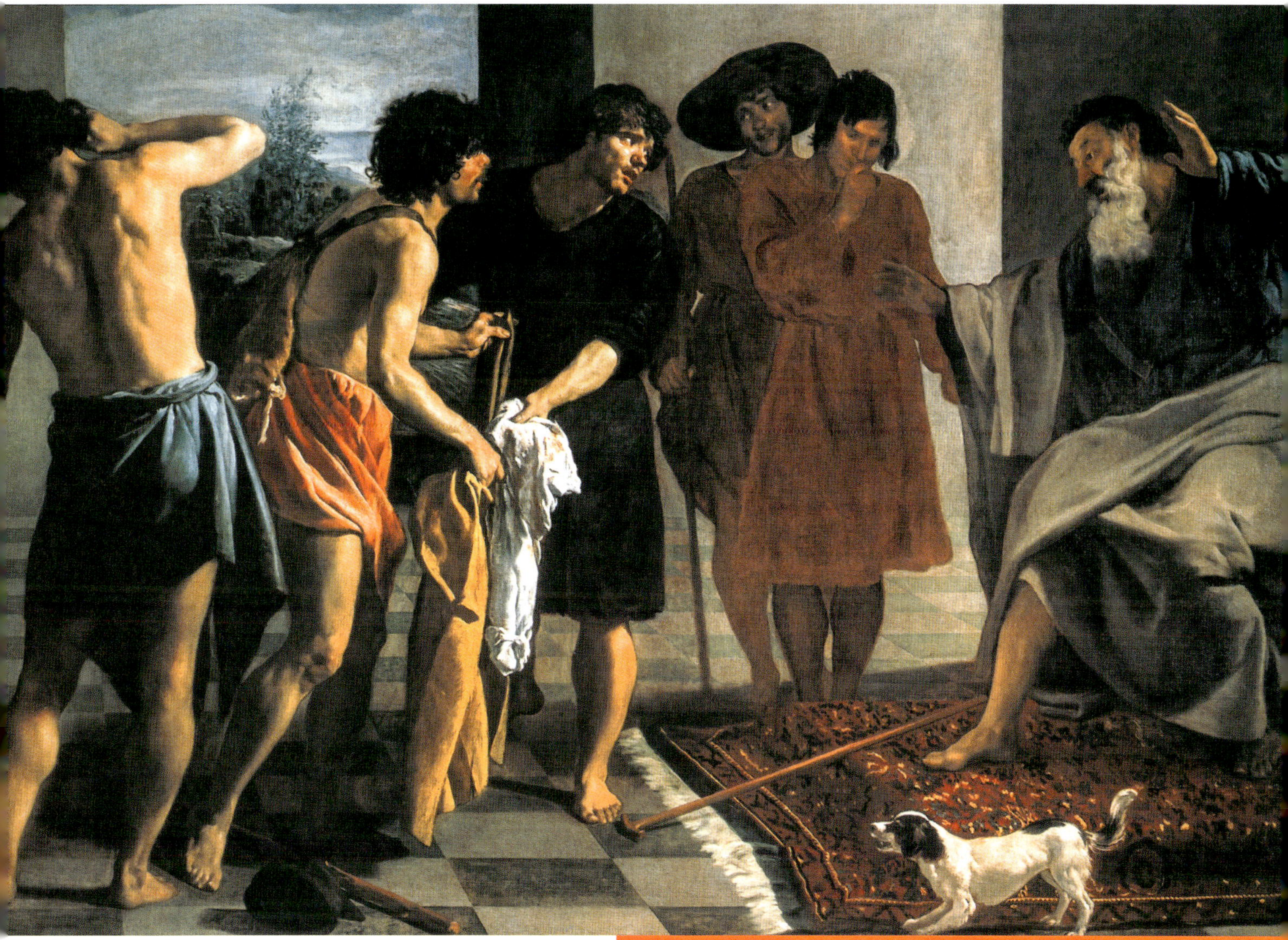

Diego Velázquez: Jakob wird Josefs blutiger Rock gebracht

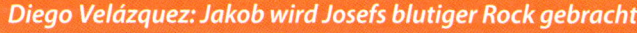

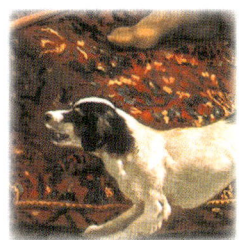

Weshalb kläfft der kleine weiße Hund so aufgeregt?
Ob er den Betrug der Brüder durchschaut? Aber auch diese wirken traurig. Haben sie nun doch ein schlechtes Gewissen? Sie sehen den Schmerz des Vaters. Scham, Trauer und Angst mischen sich unter ihre heuchlerische Verstellung.

Der Test mit dem Silberbecher

Josefs Brüder kommen nach Ägypten

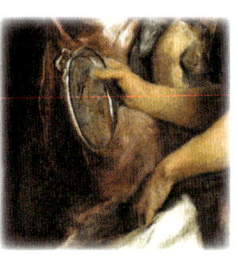

AUS DEM ALTEN TESTAMENT

Auch Josefs Brüder kamen nach Ägypten, um Getreide zu kaufen. Sie erkannten ihren Bruder aber nicht. Da stellte Josef sie auf die Probe. Er sagte, sie seien Spione aus Kanaan. Simeon ließ er sogar ins Gefängnis werfen. Doch heimlich legte er den Brüdern das Geld für das Getreide wieder in ihre Säcke zurück. So kehrten sie zum Vater heim. Als das Getreide zu Ende war, zogen sie wieder nach Ägypten. Diesmal nahmen sie auch Benjamin, den Jüngsten, mit. Und das Geld, das ihnen Josef in ihre Säcke gelegt hatte. Josef lud die Brüder zum Essen ein, und Simeon wurde aus dem Gefängnis geholt. Josef gab sich aber immer noch nicht zu erkennen. Wieder legte er das Geld in ihre Säcke zurück und in Benjamins Sack auch noch seinen eigenen Silberbecher. Als die Brüder ein Stück des Weges gezogen waren, ließ Josef ihnen nachjagen. Er sagte, sie hätten den Becher gestohlen. Benjamin sollte deshalb Sklave werden. Da kehrten alle Brüder um. Juda bot sich an Benjamins Stelle als Sklave bei Josef an. Nun wusste Josef, dass sich seine Brüder geändert hatten, und er gab sich zu erkennen. Schließlich wurde auch der alte Vater Jakob nach Ägypten geholt.

DER MALER

Jacopo Amigoni (1682–1752) stammte aus Venedig, wo er auch die Malerei erlernte. Gearbeitet hat er jedoch in ganz Europa: in Bayern und Schwaben, in England, Frankreich und Spanien. Viele Wand- und Deckenbilder, aber auch kleinere Gemälde stammen von seiner Hand.

Wofür wurde dieses Bild einst gemacht?

Der spanische König hat es in Auftrag gegeben. Er wollte mit diesem Bild und weiteren Szenen aus dem Leben Josefs einen Saal in seinem Palast in Aranjuez schmücken. Josef sollte allen, die den König besuchten, als Beispiel eines guten Regenten vor Augen geführt werden. Und natürlich wollte auch der spanische König selbst als guter Herrscher gelten. Der Maler Jacopo Amigoni starb, bevor er den Hintergrund ganz fertig hatte. Deshalb musste auch ein anderer Künstler die noch fehlenden übrigen Bilder malen.

Im Hof von Josefs prächtigem Palast hat einer von seinen Dienern das silberne Gefäß – Amigoni malte keinen Becher – aus Benjamins Getreidesack geholt. Josef blickt auf die Brüder. Der Maler zeigt den Augenblick, in dem diese des Diebstahls beschuldigt werden.

Wie sich die Brüder wohl fühlten?

Erschrocken beteuern sie, dass sie das Gefäß nicht gestohlen haben. Einer hat sich zu Boden geworfen, andere knien. Sie blicken zu Josef. Verzweifelt flehen sie, dass Benjamin, der Jüngste, nicht als Sklave in Ägypten bleiben muss. Benjamin steht neben Josef und wischt sich mit seinem Mantelzipfel die Tränen ab. Josef sieht nun, dass die Brüder jetzt füreinander einstehen. Er wird sich bald zu erkennen geben.

Jacopo Amigoni: Josef zieht seine Brüder zur Rechenschaft

Amigoni malte dieses Bild ungefähr hundert Jahre nach Velázquez, von dem die Szene mit Josefs blutigem Gewand stammt. Nun gibt es keine so scharfen Gegensätze mehr zwischen Licht und Schatten. Die Farben sind kühler und eleganter. Und wir als Betrachter haben viel mehr Abstand von der Szene, wir gehören nicht mehr dazu. Deshalb wirkt auch das Ganze viel weniger dramatisch.

Ein Baby im Schilf

Die Geschichte von Mose

Ein prächtiger Aufzug! Mit ihrem Gefolge ist die Tochter des Pharao an das Nilufer gekommen. Schön ist sie und stolz. Wie die Kleider schillern! Eine alte Dienerin und ein hässlicher Zwerg neben ihr lassen die Prinzessin noch schöner erscheinen.

Hat so eine ägyptische Prinzessin ausgesehen?

Der Maler Tiepolo, der im 18. Jahrhundert lebte, hat wahrscheinlich gar nicht gewusst, wie die alten Ägypter aussahen. Er hat seine Prinzessin in einem Kleid gemalt, wie es die reichen Frauen in seiner Heimatstadt Venedig im 16. Jahrhundert trugen. Tiepolo benützte dafür ein Gemälde aus jener Zeit als Vorbild. Die Figuren führen uns die Geschichte wie auf einer Bühne vor. Für Tiepolo war nämlich die Geschichte selbst nicht am wichtigsten, sondern ihre Wirkung, ihre Effekte.

AUS DEM ALTEN TESTAMENT

Die Nachfahren Jakobs wurden in Ägypten zu einem großen Volk. Doch der Pharao quälte sie mit Sklavenarbeit. Weil er Angst hatte, dass sie zahlreicher als die Ägypter würden, ließ er auch noch ihre neugeborenen Knaben töten. Eine israelitische Mutter setzte deshalb ihren kleinen Sohn in einem Binsenkorb im Schilf des Nilufers aus. Da kam die Tochter des Pharao, entdeckte den Jungen und nahm ihn als Sohn an. Sie nannte ihn Mose. Er wuchs im Palast wie ein Prinz auf, doch sein Volk musste weiterhin leiden.

Eines Tages sah Mose, wie ein ägyptischer Aufseher einen Israeliten misshandelte. Da stürzte er sich auf ihn und erschlug ihn im Zorn. Danach floh er aus dem Palast und lebte von nun an als Hirte in der Steppe. Einmal kam er mit seiner Herde auch zu einem Berg. Da sah Mose einen brennenden Dornbusch, der aber nicht verbrannte. Eine Stimme befahl ihm, die Schuhe auszuziehen: »Ich bin der Gott deines Vaters, der Gott Abrahams, der Gott Isaaks und der Gott Jakobs. Das Wehgeschrei der Kinder Israels ist zu mir gedrungen. Führe mein Volk aus Ägypten heraus in ein schönes Land, wo Milch und Honig fließen.« Mose kehrte nach Ägypten zurück und forderte vom Pharao die Freilassung seines Volkes. Als dieser sich weigerte, griff Gott erneut ein. Er sandte den Ägyptern zehn schreckliche Plagen. Zum Schluss starben alle Erstgeborenen der Ägypter. Nur die Kinder Israels blieben verschont. Sie hatten in dieser Nacht Lämmer mit ungesäuerten Broten gegessen und ihre Türpfosten mit Blut bestrichen. Da endlich ließ der Pharao sie ziehen. Die Juden feiern seither zur Erinnerung an diese Nacht das Paschafest.

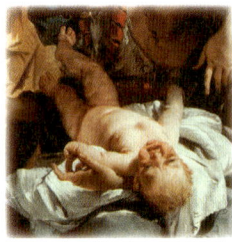

Trotzdem erzählt das Bild aber noch mehr:

Wir sehen die Dienerin mit dem kleinen Mose. Sie deutet zu einem Mädchen. Das ist Miriam, die große Schwester von Mose. Das wissen die Ägypterinnen aber nicht. Sie hatte sich versteckt, um auf das Körbchen mit ihrem Bruder aufzupassen. Nun erzählt sie der Prinzessin, dass sie eine Frau wüsste, die das Kind stillen könnte. So kam Mose zu seiner eigenen Mutter zurück. Als er etwas größer war, holte ihn die Prinzessin zu sich in den Palast.

Giovanni Battista Tiepolo: Die Auffindung des Mose

DER MALER

Giovanni Battista Tiepolo (1696–1770) war der bedeutendste venezianische Maler des 18. Jahrhunderts. Seine Wandbilder und Gemälde zeichnen sich durch besonders phantasievolle Gestaltung, leuchtende Farben und elegante Linien aus. Auch Posen wie beim Theater kennzeichnen viele seiner Bilder. Tiepolo arbeitete nicht nur in Italien, sondern auch in Würzburg und in Madrid.

Leitsätze für die Menschen

Die Zehn Gebote

Wozu diente dieses Bild?

Das Gemälde wurde für das Rathaus der Stadt Amsterdam gemalt. Als der Bau errichtet wurde, ließen ihn die Bürger mit Bildern ausschmücken. Diese sollten alle daran erinnern, rechtschaffen zu leben. Für den Gerichtssaal bestellten sie deshalb das Bild mit Mose und den Gesetzestafeln zur Erinnerung daran, wie wichtig Gebote und Gesetze für ein gutes Zusammenleben sind.

AUS DEM ALTEN TESTAMENT

Als Mose mit den Israeliten aus Ägypten zog, reute es den Pharao, dass er seine Sklaven hatte gehen lassen. So setzte er ihnen mit seinen Kriegern nach. Am Ufer des Schilfmeeres holte er sie ein. Da sagte Gott zu Mose: »Halt deinen Stab ausgestreckt über das Meer. Ich will es spalten.« So entkamen die Israeliten durch das Rote Meer. Hinter ihnen floss das Wasser zurück, und alle Ägypter ertranken. Anschließend musste das Volk Israel eine große Wüste durchqueren. Am Berg Sinai aber befahl Gott Mose, auf den Berg zu steigen. Unter Blitzen und Donnerschlägen übergab ihm Gott dort seine Gebote. Sie waren auf zwei steinerne Tafeln geschrieben. Weil Mose aber lange auf dem Berg war, murrte das Volk und begann ein Götterbild in Tiergestalt zu errichten. Schon beim Herabsteigen sah Mose die Israeliten um ein goldenes Kalb tanzen. Da zerschlug er vor Zorn die Tafeln mit den Geboten. Nun bereute das Volk. Gott verzieh ihnen und gab Mose zwei neue Tafeln. Da errichteten die Israeliten ein prächtiges Zelt für Gott und die Bundeslade, in der sie die Gesetzestafeln verwahrten.

Was bedeuten die Zehn Gebote?

Israels Nachbarvölker verehrten damals viele verschiedene Götter und machten sich Statuen und Bilder von ihnen, die sie anbeteten. Israel hat dagegen nur einen Gott, der nicht in Gestalt eines Bildes verehrt werden darf. Seine Gebote zeigen den Menschen, wie sie sich verhalten sollen, damit es allen gut geht und sie gut miteinander auskommen.

DER MALER

Ferdinand Bol (1616–1680) war Maler und Radierer* in Amsterdam. Bevor er sich selbständig machte, arbeitete er bei Rembrandt. Manche Werke der beiden kann man kaum auseinander halten, so ähnlich haben sie zeitweise gemalt. Bol erhielt viele Aufträge für Porträts* und zur Ausschmückung öffentlicher Gebäude. Als er Witwer wurde, heiratete er ein zweites Mal. Diese Frau war so reich, dass er mit dem Malen aufhörte.

Die Zehn Gebote

Ich bin der Herr, dein Gott.
Es gibt keinen Gott außer mir und du sollst dir kein Bild von mir machen.
Missbrauche meinen Namen nicht.
Halte den Ruhetag des Herrn.
Ehre deinen Vater und deine Mutter.
Töte nicht.
Brich nicht die Ehe.
Stiehl nicht.
Sage nichts Falsches über deinen Nächsten.
Begehre nicht die Frau deines Nächsten.
Trachte nicht nach dem Besitz deines Nächsten.

Mose steigt umgeben von Licht vom Berg Sinai herab. Er hat die Tafeln, auf denen die von Gott gegebenen Gebote stehen, fest an sich gedrückt.

Erkennst du, ob Mose hier zum ersten Mal oder zum zweiten Mal vom Berg herabkommt?
Dieses Bild zeigt den zweiten Abstieg! Diesmal warten nämlich alle voll Andacht. Einige haben ihre Hände erhoben, andere haben sie zum Gebet gefaltet. Manche knien. Was macht der kleine Junge?

Ferdinand Bol: Mose zeigt die Gesetzestafeln

Ein Gotteswunder

Der Fall der Mauern von Jericho

AUS DEM ALTEN TESTAMENT

Nach dem Tod von Mose wurde Josua der Anführer der Israeliten. Mit ihm zogen sie weiter nach Kanaan, das ihnen von Gott verheißene Gelobte Land. Dort aber herrschten viele starke Könige. Zuerst wollten die Israeliten Jericho jenseits des Jordans erobern. Diese Stadt glich einer Festung. Alle Tore waren verschlossen. Da sprach Gott zu Josua: »Sechs Tage lang soll das Volk mit der Bundeslade einmal um die Stadtmauer ziehen, am siebten Tage aber sieben Mal, und beim letzten Mal sollen eure Priester die Widderhörner blasen. Das Volk soll lautes Kriegsgeschrei erheben, dann wird die Mauer fallen.« Alles geschah, wie Gott es gesagt hatte, und die Israeliten nahmen Jericho und das Land Kanaan ein. Alle Stämme, die nach den zwölf Söhnen Jakobs benannt waren, erhielten nun einen bestimmten Teil des Landes zugewiesen. Ihre Anführer nannten sie »Richter«, doch ihr oberster Herr war Gott.

DER MALER

Raffael (1483–1520) stammte aus Urbino und arbeitete vor allem in Florenz und Rom. Er zählt als Maler und Architekt neben Leonardo da Vinci und Michelangelo zu den bedeutendsten Künstlern der Hochrenaissance*. Seine harmonischen Kompositionen, gefühlvollen religiösen Bilder, Porträts* und Wandmalereien waren für viele Künstler bis weit ins 19. Jahrhundert hinein das wichtigste Vorbild. Die Bilder in den Loggien des Vatikan, die Szenen aus der Bibel zeigen, hat Raffael allerdings nur entworfen. Die Ausführung überließ er zum größten Teil seinen Schülern und Gehilfen, zu denen auch Pierino del Vaga (1501–1547) gehörte.

Der große italienische Maler Raffael hat diese Geschichte im Auftrag des Papstes in einem Deckenbild im Papstpalast in Rom festgehalten. Er zeigt, wie die Soldaten heranrücken und Speere und Schilde gegen die Mauern der Stadt Jericho erheben. Links wird in einer Prozession die Bundeslade getragen. Sie war das größte Heiligtum des Volkes, weil sie in ihrem Inneren die Gesetzestafeln barg. Dahinter reitet Josua, der Anführer der Israeliten, auf seinem Schimmel. Rechts schlagen zwei Männer die Trommel.

Wo sind die Priester mit den Widderhörnern, von denen die Bibel berichtet?

Der Maler Raffael schildert das Ereignis sehr ausführlich, aber er hält sich nicht genau an das, was in der Bibel steht. Die Priester mit den Widderhörnern, deren Klang man noch heute an manchen jüdischen Festtagen in den Synagogen, den Gotteshäusern der Juden, hören kann, sind nicht zu sehen. Auch die Soldaten gehen bei Raffael nicht in der Prozession mit, sondern erheben die Waffen. So konnte der Maler die kräftigen Männer mit ihren athletischen Körpern besser zeigen. Die Wiedergabe von schönen Menschen war den Künstlern der Renaissance*, zu denen Raffael gehört, nämlich sehr wichtig. Doch auch wenn er sich nicht genau an den Bibeltext hielt, malte Raffael den Fall der Mauern von Jericho als Wunder, das nur durch das Eingreifen Gottes möglich war.

Raffael und Pierino del Vaga: *Der Fall der Mauern von Jericho*

Da fällt ja bereits ein Turm ein!

Obwohl die Soldaten noch gar nicht richtig angegriffen haben, hat einer der Türme der Stadtmauer tiefe Risse bekommen. Mit großem Getöse stürzt er wie durch ein Wunder in sich zusammen.

Die Stadt Jericho gibt es auch heute noch. Sie gehört zu den ältesten Städten der Welt. Jericho liegt in einer üppigen Oase in der Nähe des Flusses Jordan.

Ein kleiner Junge besiegt einen Riesen

David und Goliat

AUS DEM ALTEN TESTAMENT

Später vergaß das Volk Israel Gott und seinen Bund mit ihm. Sie wünschten sich einen König, wie auch die anderen Völker einen hatten. Gott gefiel das nicht, aber er ließ den Propheten Samuel den jungen Saul zum König salben. Dieser wurde ein großer Feldherr und errang viele Siege über die Feinde Israels. Auch einen kleinen Hirtenjungen aus Betlehem mit dem Namen David salbte der Prophet. Er sollte der nächste König werden.

In jener Zeit kämpften die Israeliten gerade mit dem Volk der Philister, die den riesigen Goliat als Anführer hatten. Er verspottete die Israeliten und forderte ihren stärksten Mann zum Zweikampf heraus. Alle hatten Angst. Es schien aussichtslos. Nur David meldete sich mutig. Als Waffen nahm er bloß seinen Hirtenstock und seine Steinschleuder, mehr nicht. Goliat lachte über den Hirtenjungen. Doch der nahm seine Schleuder. Der Stein flog mit solcher Wucht gegen Goliats Stirn, dass er umfiel. Nun hieb ihm David mit dessen eigenem Schwert den Kopf ab. Als sie das sahen, flohen die Philister. Das Volk aber jubelte.

David bekam Michal, die Tochter von König Saul, zur Frau und wurde nach Sauls Tod der zweite König der Israeliten. Trotz mancher Untat war er seinem Volk ein guter Herrscher und darüber hinaus ein großer Dichter und Harfenspieler. Von ihm stammen viele Psalmen* in der Bibel.

DER MALER

Guido Reni (1575–1642) war ein italienischer Barockmaler*. Er arbeitete in Rom und Bologna. Am Anfang beeinflusste ihn das Helldunkel von Caravaggio (siehe Seiten 58/59), wie in diesem Bild. Später wurden seine Farben heller. Vor allem seine religiösen Bilder, in denen die dargestellten Figuren ihren Blick oft auffällig zum Himmel wenden, machten ihn zu Lebzeiten und bis weit ins 19. Jahrhundert hinein sehr berühmt. Man nannte ihn den »göttlichen Guido«.

Ob David Angst hatte?

Hier auf dem Bild wirkt er ruhig und sicher. Er trägt einen roten Umhang. Das war die Farbe, die nur ein König tragen durfte. Ganz fest hält David das Schwert in seinen Händen. Er wird es schaffen! Der Besiegte erscheint ganz dunkel, fast wie der Boden, auf dem er liegt.

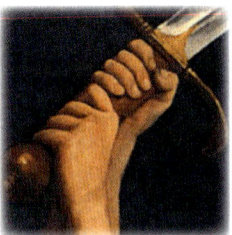

David kniet auf dem Riesen. Dieser lebt noch. Der Helm ist ihm vom Kopf gefallen, die Rüstung glänzt metallisch im Licht. Rot leuchtet das Blut der Stirnwunde. Da holt David mit dem Schwert des Feldherrn zum tödlichen Hieb aus. In der Ferne fliehen schon die Soldaten der Philister. Der Maler Guido Reni erzählt die Geschichte in einfachen Formen, aber mit vielen Gegensätzen: klein und groß, farbig und dunkel, leuchtend und düster, mit und ohne Rüstung. Doch Reni wollte nicht nur den spannenden Augenblick der Tat festhalten. David ist der große Freiheitsheld der Israeliten, ein Sinnbild für den Sieg des Schwachen über das Starke, des Guten über das Böse. Und so erscheint er auch hier in seiner aufrechten Haltung und seinem leuchtenden Rot – wie ein Denkmal für einen Helden. Auch heute noch gilt der mutige und deshalb siegreiche kleine David als Vorbild für einen Kampf für Gerechtigkeit, auch wenn dieser aussichtslos scheint.

Guido Reni:
David besiegt
Goliat

Streit um ein Kind

Das Urteil von König Salomo

Nach dem Tod Davids wurde sein Sohn Salomo zum König gesalbt. Gott erschien dem neuen König im Traum und gewährte ihm eine Bitte. Salomo, der noch sehr jung war, wünschte sich ein weiser und gerechter König zu werden. Es gefiel Gott, dass Salomo sich nicht Reichtümer, ein langes Leben oder den Tod seiner Feinde gewünscht hatte. So machte er ihn weise und schenkte ihm außerdem Wohlstand und ein langes Leben.

Einmal kamen zwei Frauen zum König. Sie wohnten im selben Haus und hatten fast gleichzeitig Söhne bekommen. Doch das Kind der einen Frau war gestorben. Da hatte sie es genommen und mit dem lebenden ihrer Nachbarin vertauscht. Diese erkannte aber, dass das tote Kind nicht ihr eigenes war. Nun stritten die Frauen um das lebende Kind. Da sagte König Salomo: »Bringt mir ein Schwert! Jede von euch soll ein halbes Kind bekommen.« Da erschrak die eine der Frauen sehr und rief: »Töte das Kind nicht! Gib es meiner Nachbarin.« An diesen Worten erkannte Salomo die richtige Mutter und gab ihr das Kind zurück.

Unter Salomo herrschten Frieden und Gerechtigkeit im Land. Für Gott ließ er in Jerusalem einen prächtigen Tempel bauen. Nach seinem Tod jedoch zerfiel das Reich in ein Nordreich und ein Südreich und das Volk vergaß Gott.

Hier sehen wir das Urteil des Salomo: Der junge König Salomo sitzt auf seinem Thron. Er soll das Urteil fällen. Doch wie kann er wissen, welche Frau die Mutter des Kindes ist? Er greift zu einer List und gibt einen grausamen Befehl: Das Kind soll geteilt werden. Ein Soldat hält es schon an einem Fuß hoch. Die Menschen sind schockiert.

DER MALER

Nicolas Poussin (1594–1665) kam aus Frankreich, lebte aber vor allem in Rom. Dort malte er Szenen aus der antiken Sagenwelt, christliche Themen und Landschaften. Poussin war sehr gelehrt. Er vertrat eine strenge Malerei, für die die Kunst der Antike* das wichtigste Vorbild war. Sein feierlicher Stil machte ihn zum berühmtesten französischen Maler des Barock*.

Damit alle sehen können, dass der König erst überlegen und abwägen musste, um ein gerechtes Urteil zu finden, hat auch der Maler das Bild sehr ausgewogen gestaltet. Salomo sitzt genau in der Mitte. Eine strenge Architektur rahmt ihn. Alles ist symmetrisch* angeordnet. Die Umrisse der Dargestellten sind fest und die Farben klar gemalt. Das passt zu einem gerechten Urteil.

Nicolas Poussin: *Das Urteil Salomos*

Welche der Frauen ist wohl die richtige Mutter?

Die eine Mutter auf der rechten Seite ist in Rot und Grün gekleidet. Das tote Kind hat sie lieblos unter ihren Arm geklemmt. Ihre Gesichtsfarbe ist grau, ihr Ausdruck zornig. Anschuldigend deutet sie auf die andere Frau. Sie will streiten. Die andere Mutter links kniet voll Entsetzen vor dem Kind, das geteilt werden soll. Mit auseinander gerissenen Armen wendet sie sich an den König. Ihre Kleidung ist in sanftem und klarem Blau, Gelb und Weiß gehalten. Das muss die richtige Mutter sein! Die Gesten der Dargestellten erscheinen übertrieben deutlich. So erkennen wir die Gefühle und Absichten der Personen besser.

Eine Heldin rettet ihre Stadt

Judit und Holofernes

Eine entsetzliche Tat!

Auf Judit fällt helles Licht. Sie ist jung und schön. Festlich herausgeputzt steht sie vor uns – eine strahlende Erscheinung! Ist Judit eine Heldin? Ihr Gesicht wirkt fast traurig. Was mag sie wohl fühlen? Wir wissen es nicht.

Ähnlich wie David galt Judit seit alters her als Befreierin ihres Volkes, als große Heldin. Durch ihre Unerschrockenheit hat sie ihre Stadt gerettet. Doch ihre Tat war ein Mord. Der Maler Veronese scheint in seiner Darstellung diesen Zwiespalt zu fühlen. Andere Maler haben Judit oft viel triumphierender, wirklich wie eine Siegerin, wiedergegeben.

AUS DEM ALTEN TESTAMENT

In der nachfolgenden Zeit riefen Propheten zur Umkehr, doch das Volk beschimpfte und verfolgte sie. Dann versuchten fremde Herrscher die Städte der Israeliten zu erobern. Holofernes, der Feldherr des assyrischen Königs, belagerte die Stadt Betulia. Er besetzte auch die Wasserquellen. Die Bewohner Betulias litten Durst. Da dachten sie wieder an Gott und schrien um Hilfe. Doch als sie sich ergeben wollten, beschloss eine fromme Witwe namens Judit, die Stadt zu retten. Sie betete. Dann zog sie sich prächtig an und verließ mit ihrer Dienerin die Stadt, um in das Heerlager des Holofernes zu gehen. Da sie den Assyrern versprach, ihnen einen Weg zur Einnahme von Betulia zu zeigen, kam sie bis ins Zelt des Feldherrn. Judit war sehr schön. Sie gefiel Holofernes, und er glaubte ihr. Nach drei Tagen hielt er für Judit ein Festmahl. Er wollte sie verführen. Doch Holofernes betrank sich besinnungslos und fiel in einen tiefen Schlaf. Als die Diener zu Bett gegangen waren, nahm Judit das Schwert des Feldherrn und schlug ihm damit das Haupt ab. Sie steckte es in einen Sack, verließ das Lager und kehrte nach Betulia zurück. Der Kopf des Holofernes wurde an der Stadtmauer aufgehängt. Die Assyrer flohen, von Entsetzen gepackt. Betulia aber war wieder frei.

DER MALER

Paolo Veronese (1528–1588) war um die Mitte des 16. Jahrhunderts neben Tizian und Tintoretto der wichtigste Maler in Venedig. Er malte viele religiöse Erzählungen, Szenen aus der antiken* Sagenwelt und Bildnisse*, aber auch Wandbilder in Kirchen, Palästen und Villen. Vor allem für die Maler des 18. Jahrhunderts – wie Tiepolo (siehe Seiten 30/31) – wurde Veronese später ein wichtiges Vorbild.

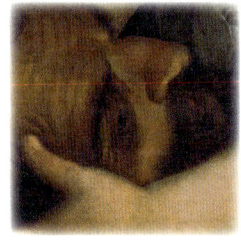

Es ist Nacht, Dunkelheit erfüllt das Bild. Der Vorhang vor dem Zelt des Holofernes ist zurückgeschlagen. Eine grausige Szene tut sich auf. Judit hat den Feldherrn enthauptet. Sie will gerade den abgeschlagenen Kopf in den Reisesack ihrer Dienerin stecken.

Paolo Veronese: Judit mit dem Haupt des Holofernes

Ein Mann ruft zur Umkehr

Jeremia – ein Prophet

Jeremia sitzt in einer Höhle. Nachdenklich hat er seinen Kopf in die Hand gestützt. Seine Haare sind grau und schütter, genauso sein Bart. Voller Falten und Runzeln ist seine Haut. Neben Jeremia liegen die heiligen Schriften und kostbaren Geräte aus dem Tempel.

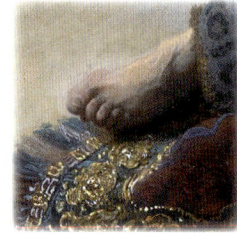

Worüber denkt Jeremia wohl gerade nach?

Er weiß, dass Jerusalem zerstört wird. König Nebukadnezzar wird die Tempelgefäße rauben und die Menschen verschleppen. Durch eine Öffnung im Hintergrund sehen wir auch schon das brennende Jerusalem. Der Maler Rembrandt will in diesem Bild aber nicht die Geschichte von der Zerstörung Jerusalems erzählen. Es geht ihm vor allem um den Propheten Jeremia. Er zeigt ihn als alten Mann. Jeremia ist traurig, einsam und in sich gekehrt. Er denkt nach. Ein helles Licht beleuchtet seine Stirn, weist auf seine Gedanken. Rembrandt malt ihn vor allem als einen Menschen, der nach innen schaut.

AUS DEM ALTEN TESTAMENT

Einer der Männer, die von Gott zu Propheten berufen wurden, war Jeremia: »Wohin ich dich auch sende, da sollst du hingehen, und was ich dir auftrage, das sollst du verkünden. Fürchte dich nicht, denn ich bin mit dir.« Gott befahl Jeremia, die Schandtaten Israels anzuprangern. So rief Jeremia zur Umkehr auf: »Lass dich warnen, Jerusalem! Wie ein Korb mit Vögeln gefüllt ist, so sind deine Häuser voll Betrug. Wie ein Brunnen sein Wasser sprudeln lässt, so lässt du deine Schlechtigkeit sprudeln. Ihr seid doch alle, vom Kleinsten bis zum Größten, nur auf Gewinn aus. Eure Brandopfer gefallen mir nicht. Fragt, wo der Weg zum Guten liegt; geht auf ihm, so werdet ihr Ruhe finden für eure Seele.« Jeremia warnte die Stadt auch vor fremden Eroberern. Er kündigte ein furchtbares Strafgericht an.

Doch die Menschen hörten nicht auf ihn. Sie trachteten Jeremia nach dem Leben, folterten ihn und warfen ihn in einen Brunnen. Jeremia wurde gerettet, die Stadt Jerusalem aber und ihr Tempel von König Nebukadnezzar zerstört. Viele Menschen wurden nach Babylon verschleppt und mussten dort als Sklaven arbeiten. Jeremia blieb in den Ruinen der Stadt Jerusalem. Nun aber machte er den Menschen, die noch dort lebten, wieder Mut: »Tage werden kommen, da wird die Stadt wieder aufgebaut werden. Das Volk wird heimkehren. Gott wird einen neuen Bund schließen, und aus dem Hause Davids wird ein Retter kommen, der Gerechtigkeit bringen wird.«

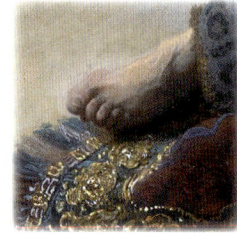

Was ist ein Prophet?

Propheten waren von Gott berufen, um seine Botschaft zu verkünden und für Gerechtigkeit einzutreten. Jeremia ist barfuß, aber er hat einen kostbaren Mantel an. So haben die Maler Propheten häufig dargestellt. Die bloßen Füße sollten zeigen, dass die Propheten meist einfache Menschen aus dem Volk waren. Das kostbare Gewand aber, dass sie oft Berater von Königen wurden.

DER MALER

Zu **Rembrandt Harmensz van Rijn** siehe Seite 20

Rembrandt: Jeremia trauert über den Fall von Jerusalem

Eine Warnung an den König

Die geheimnisvolle Feuerschrift

AUS DEM ALTEN TESTAMENT

E inige der nach Babylon verschleppten Juden machte König Nebukadnezzar zu seinen Beratern. Darunter war auch Daniel, der die Träume des Königs deuten konnte.

Als König Belsazzar, der Sohn von Nebukadnezzar, bei einem Gastmahl zu viel getrunken hatte, ließ er die goldenen und silbernen Gefäße holen, die sein Vater aus dem Tempel von Jerusalem geraubt hatte. Aus denen tranken er und alle seine Gäste auf die Götter ihres Landes. Da erschien plötzlich eine Hand aus dem Nichts und schrieb feurige Zeichen an die Wand. Der König bekam Angst. Er ließ seine Wahrsager und Sterndeuter kommen, doch keiner konnte die Schrift lesen. Zuletzt erinnerte er sich an Daniel. Der sagte dem König, dass er sich gegen Gott versündigt habe, weil er aus den Tempelgefäßen auf falsche Götter getrunken habe. Dann entzifferte Daniel das Geschriebene: Mene mene tekel u-parsin, das heißt: Gezählt – gewogen – geteilt. Gott habe die Tage der Herrschaft des Königs gezählt. Er werde ihr ein Ende bereiten. Belsazzar sei gewogen und für zu leicht befunden worden. Sein Reich werde geteilt werden und an die Meder und Perser fallen. Noch in dieser Nacht wurde der König ermordet. Daniel aber wurde vom neuen König, einem Perser, zum höchsten Minister des Reiches ernannt.

Da wurden die anderen neidisch. Sie überredeten den König zu dem Gebot, dass alle Menschen nur ihn, den König, anbeten dürften. Daniel aber betete weiterhin zu Gott. Der König wollte ihn schützen, doch er musste seinem eigenen Gesetz gehorchen. Nun wurde Daniel in eine Löwengrube geworfen, aber die Löwen fraßen ihn nicht. Als der König sah, dass Gott Daniel beschützte, ließ er die neidischen Beamten den Löwen vorwerfen. Dann gab er seinem ganzen Reich den Befehl, nur noch den Gott Daniels zu verehren.

Was geht hier vor?

Bleich vor Schreck ist König Belsazzar aufgesprungen. Voll Panik und Angst starrt er auf die rätselhafte Hand, die glühende Schriftzeichen an die Wand schreibt. Im Aufspringen hat er eines der geweihten Gefäße aus dem Tempel von Jerusalem umgestoßen. Wein ergießt sich über den Tisch. Auch die Frau rechts ist so erschrocken, dass sie ihren Wein verschüttet. Was wird noch passieren? Die Feststimmung ist in helle Aufregung umgeschlagen. Keiner versteht die Zeichen an der Wand, aber alle wissen, dass sie etwas Entsetzliches ankündigen.

Was bedeutet die geheimnisvolle Feuerschrift?

Auch uns, die Betrachter, beunruhigt der Maler Rembrandt. Kannst du diese Schrift lesen? Nein? Rembrandt hat hebräische Buchstaben gemalt. Sie sind aber so angeordnet, dass man sie von oben nach unten lesen muss – nicht wie im Hebräischen üblich von rechts nach links. Nur Daniel kann diese Zeichen deuten. Doch der Maler zeigt ihn nicht. Er lässt auch uns im Ungewissen! Er hält genau den Augenblick der Geschichte fest, der am spannendsten ist.

DER MALER

Zu **Rembrandt Harmensz van Rijn** siehe Seite 20

Rembrandt: Das Gastmahl des Königs Belsazzar

Wozu diente dieses Bild?

Reiche Holländer umgaben sich im 17. Jahrhundert, als dieses Bild gemalt wurde, gerne mit Bildern, die vor überheblichem Verhalten warnten oder gar ein bevorstehendes Gericht ankündigten. So hing dieses Gemälde mit einem Gastmahl wahrscheinlich einmal in einem Speisezimmer. Und weil die Räume mit Kerzenlicht nicht so hell waren wie heute, wirkte es wohl fast wie eine echte Erscheinung!

Die wunderbare Rettung

Jona und der Wal

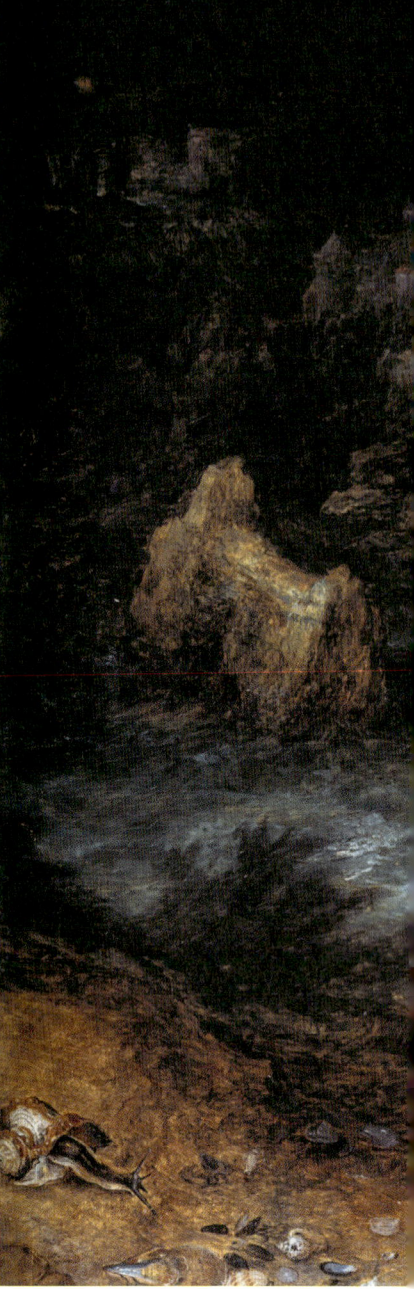

Jan Brueghel der Ältere:
Jonas und der Wal

AUS DEM ALTEN TESTAMENT

Unter der Herrschaft der Perser durften die Juden später aus dem Babylonischen Exil in ihre Heimat zurückkehren. Auch die kostbaren Gefäße aus dem Tempel konnten sie mitnehmen und in Jerusalem den Tempel wieder aufbauen. In dieser Zeit wurde die Geschichte vom Propheten Jona aufgeschrieben, zu dem Gott sagte: »Mache dich auf und geh nach Ninive. Die Bösartigkeit der Bewohner dieser Stadt ist bis zu mir gedrungen. Warne sie, dass es ihnen schlecht gehen wird, wenn sie nicht umkehren.«

Jona aber wollte nicht, denn in Ninive lebten die Feinde Israels. So ging er nicht dorthin, sondern zu einem großen Hafen. Er bestieg ein Schiff, um dem Auftrag des Herrn zu entfliehen. Da schickte Gott einen gewaltigen Sturm. Die Leute auf dem Schiff bekamen Angst. Als Jona erkannte, dass Gott den Sturm seinetwegen gesandt hatte, ließ er sich von den Matrosen ins Meer werfen, und der Sturm hörte auf. Jetzt schickte Gott einen großen Fisch, der Jona verschlang. Drei Tage lang betete Jona im Bauch des Fisches. Er versprach dem Herrn, seinen Auftrag auszuführen. Der Fisch spie Jona wieder an Land, und er machte sich auf den Weg nach Ninive. Jona rief die Bewohner der Stadt zur Umkehr auf. Sie besserten sich tatsächlich, und Gott führte seine Drohung nicht aus. Jona aber gefiel es nicht, dass Gott die Stadt verschonte.

Es war sehr heiß. Da ließ Gott einen Strauch wachsen, der Jona Schatten spendete. Am nächsten Tag aber war der Strauch verdorrt. Jona ärgerte sich und wurde zornig. Nun sagte Gott zu ihm: »Dir tut es leid um den Strauch, den du nicht gepflanzt hast. Mir aber sollte es nicht leid tun um die Menschen von Ninive?«

Jetzt verstand Jona, dass Gottes Güte allen Menschen gilt. Und so wie Gott Ninive errettet hat, hoffte später das Volk Israel, als es unter der Herrschaft der Griechen und Römer litt, auf einen von Gott gesandten Retter.

DER MALER

Zu **Jan Brueghel dem Älteren** (1568–1625) siehe Seite 17

Die Geschichte von Jona, der auch im Koran, dem heiligen Buch der Muslime, vorkommt, haben schon die ersten Christen oft dargestellt. Jonas Errettung aus dem Meer und sein dreitägiger Aufenthalt
im Bauch des Wals war für sie ein Sinnbild für die Auferstehung Jesu am dritten Tag nach seinem Tod.

Bedrohliche Wolken türmen sich am dunklen Himmel über dem aufgewühlten Meer. Alles ist dunkel. Nur eine helle Stelle gibt es: Ein gefährlich riesiger Fisch hat sein zahnloses Maul weit aufgerissen. Ein verängstigter alter Mann steigt heraus. Es ist Jona. Jona betet und blickt erleichtert zum Himmel. Drei Tage hat er im Bauch des Ungeheuers verbracht. Dunkel war es, und er hatte Angst und ein schlechtes Gewissen. Nun ist er gerettet. Jetzt wird er den Auftrag Gottes ausführen und nach Ninive ziehen.

Der Fisch, der Jona verschlungen hat, war wahrscheinlich ein Pottwal. Diese haben ein so großes Maul, dass ein ganzer Mensch darin Platz hat. Wale sind Säugetiere und müssen zum Luftholen an die Wasseroberfläche kommen. So soll es tatsächlich schon vorgekommen sein, dass ein Wal einen Menschen verschlang und dieser es überlebte.

Die Geschichte von Jesus beginnt

Ein Engel erscheint Maria

Fast überirdisch leuchten die Farben in diesem Bild. Maria sitzt mit ihrem Gebetbuch in einer Säulenhalle, als der Engel zu ihr kommt. Er hat die Arme über der Brust gekreuzt und beugt seine Knie. Fast wie ein Spiegelbild kreuzt auch Maria die Arme und neigt sich vor. Der Maler Fra Angelico zeigt nicht, wie Maria erschrickt, sondern wie sie dem Engel zuhört. Eben noch hat sie in der Bibel gelesen, nun ist sie selbst Mittelpunkt eines heiligen Geschehens.

AUS DEM NEUEN TESTAMENT

Weil er einen Retter versprochen hatte, sandte Gott den Engel Gabriel in die Stadt Nazareth zu einer jungen Frau. Sie hieß Maria und war mit Josef verlobt. Der Engel trat bei ihr ein und sprach: »Sei gegrüßt! Der Herr ist mit dir. Er hat dich zu Großem auserwählt.« Maria erschrak. Da sagte der Engel: »Fürchte dich nicht! Du wirst einen Sohn bekommen. Dem sollst du den Namen Jesus geben. Er wird ein König sein und sein Reich wird keine Grenzen haben.« Maria aber entgegnete dem Engel: »Wie ist das möglich? Ich lebe doch mit keinem Mann zusammen.« Der Engel antwortete: »Der Geist Gottes wird über dich kommen. Darum wird das Kind heilig sein und Gottes Sohn genannt werden.« Da sagte Maria: »Mit mir geschehe, wie du es gesagt hast. Ich bin die Dienerin des Herrn.« Danach verließ sie der Engel.

DER MALER

Fra Angelico (gegen 1400–1455) lebte als malender Mönch im Dominikanerkloster von Fiesole bei Florenz. Er schuf viele Altarbilder* und Wandgemälde in Florenz und Rom und wollte in den Formen der damals modernen Malerei der Frührenaissance* eine neue religiöse Kunst schaffen. Die Figuren auf seinen Bildern erschienen seinen Zeitgenossen wie Engel. Deshalb erhielt der Maler, der eigentlich Fra Giovanni von Fiesole hieß, den Namen Angelico, der Engelgleiche.

Wer sind die beiden Menschen im Garten?

Es sind Adam und Eva, wie sie nach dem Sündenfall von einem Engel aus dem Paradies vertrieben werden. Sie brachten die Sünde unter die Menschen, weil sie nicht auf Gott hörten (siehe Seiten 12/13). Maria, die auf Gott hört, wird den Erlöser zur Welt bringen. So zeigt uns der Maler den Grund für die Geburt des Gottessohnes. Noch eine andere Einzelheit deutet auf das alte Versprechen eines Retters hin: Über der Säule links von Maria erscheint in einem Medaillon, einem runden Feld, das Bildnis* des Propheten Jesaja. Er war einer jener Propheten, die im Alten Testament die Ankunft des Erlösers vorausgesagt haben.

Sitzt die Schwalbe nur zufällig auf der Stange?

Schwalben sind Zugvögel, ihre Rückkehr kündigt den Frühling an. In dieser Zeit wird in der katholischen Kirche auch das Fest Mariä Verkündigung gefeiert: am 25. März, also genau neun Monate vor Weihnachten, dem Geburtsfest von Jesus am 25. Dezember.

Fra Angelico: Die Verkündigung an Maria

Kann man den Heiligen Geist malen?

Ganz oben in der linken Bildecke sehen wir in einer goldenen Sonne die Hände Gottvaters. Sie senden einen Lichtstrahl mit einer weißen Taube zu Maria. Diese Taube ist das Sinnbild für den Heiligen Geist, weil man ihn ja nicht darstellen kann. So macht der Maler im Bild sichtbar, dass die Geburt Jesu ein Wunder war, das von Gott ausging.

Mit dieser Geschichte beginnt das Neue Testament, das von Jesu Leben und Wirken handelt.

Geburt im Stall

Jesus wird in Betlehem geboren

Kaiser Augustus lebte nach unserer heutigen Zeitrechnung von 63 vor Christi Geburt bis 14 nach Christi Geburt. Er war der erste römische Kaiser und oberste Herrscher über Israel. Jesus selbst ist tatsächlich nicht im Jahre 0 unserer Zeitrechnung geboren worden, sondern ungefähr 6 Jahre vorher. Der christliche Kalender wurde ja auch erst mehr als 500 Jahre später eingeführt, und da hat sich wohl jemand verrechnet. Auch der 25. Dezember als Geburtstag von Jesus ist erst später festgesetzt worden.

Wie bei der Segnung der Tiere von Meister Bertram (Seite 9) ist auch hier der Bildhintergrund in Gold gemalt. Vor allem seine Farbe und leuchtendes Rot und Blau bestimmen das Bild.

AUS DEM NEUEN TESTAMENT

Nicht lange bevor Maria ihr Kind bekommen sollte, gab der römische Kaiser Augustus den Befehl, dass jeder in die Stadt seiner Vorfahren gehe, um sich in die Steuerlisten eintragen zu lassen. So zog Josef kurz vor der Geburt mit Maria von Nazareth nach Betlehem. Dort gab es keinen Platz mehr in den Herbergen, so musste Maria ihren Sohn in einem Stall zur Welt bringen. Sie wickelte ihn in Windeln und legte ihn in eine Futterkrippe. In dieser Gegend lagerten auch Hirten auf dem Feld. Sie hielten Nachtwache bei ihren Herden. Da kam ein Engel zu ihnen und sagte: »Fürchtet euch nicht, denn ich verkünde euch eine große Freude. Heute ist in Betlehem, der Stadt Davids, der Retter geboren. Er ist der Messias, der Erlöser. Und das soll euch als Zeichen dienen: Ihr werdet ein Kind finden, in Windeln gewickelt, in einer Krippe liegend.«
Da machten sich die Hirten auf den Weg, und sie fanden Maria und Josef und das Kind in der Krippe.

Was bedeutet heute Weihnachten?

Die meisten Menschen verbinden mit diesem Fest den Wunsch und die Hoffnung nach einer friedlicheren Welt. Trotzdem stehen Konsum und viele Geschenke immer mehr im Mittelpunkt. Was sich wohl das Christkind selber wünscht?

DER MALER

Konrad von Soest (um 1360 bis nach 1422) war in der Zeit um 1400 einer der bedeutendsten Maler in Deutschland. Er arbeitete vor allem in Dortmund und schmückte seine Bilder mit vielen liebevoll und humorvoll erzählten Einzelheiten aus.

Der Name Jesus leitet sich ab vom hebräischen Jehoschua. Das bedeutet: »Der Herr rettet«. Das Wort Christus kommt aus dem Griechischen. Es heißt wie das hebräische Messias »der Gesalbte«, der ersehnte Retter. An einer anderen Stelle in der Bibel wird der Gottessohn auch mit einem alten Prophetenwort als »Immanuel« bezeichnet, das heißt »Gott ist mit uns«.

Wo steht eigentlich das Bett von Maria? Im Stall von Betlehem?

Nicht alles passt zusammen in diesem Bild. Aber das war für den Maler wohl auch nicht so wichtig. Er zeigt uns Maria vor einem goldenen Bildgrund, um ihre Würde hervorzuheben. Ochs und der Esel mit der Futterkrippe und das Strohdach des Stalles sind dagegen nur Beiwerk.

Der Maler Konrad von Soest hat Maria mit dem Kind in einem richtigen Bett dargestellt. Sie ruht, gestützt auf große Kissen, unter einer leuchtend roten Decke. Das Haupt der Gottesmutter umrahmen Engelsgestalten. Das Jesuskind in ihren Armen greift zärtlich nach der Mutter und will sie küssen. Es ist schon größer als ein Neugeborenes.

Im Vordergrund versucht der heilige Josef ein Feuer anzufachen. Er kniet auf dem Boden und bläst in die Flammen, weil er für Maria und das Kind eine Suppe kochen will. Liebe und Fürsorglichkeit prägen die Darstellung dieser Heiligen Familie.

Im Hintergrund verkündet der Engel einem der Hirten auf dem Feld die Geburt des göttlichen Kindes.

Konrad von Soest: Die Geburt Christi

Geschenke für das Christuskind

Die Heiligen Drei Könige

Waren die Sterndeuter Könige?

In der Bibel wird nur von weisen sternenkundigen Männern erzählt und auch nicht gesagt, wie viele es waren. Doch wegen der drei verschiedenen Gaben, die so kostbar waren, dass nur Könige sie verschenken konnten, wurden aus den Sterndeutern im Lauf der Zeit drei Könige. Auch ihre Namen Kaspar, Melchior und Balthasar erhielten sie erst später.

AUS DEM NEUEN TESTAMENT

Unter den Römern regierte in Jerusalem König Herodes. Zu ihm kamen fremde, sternenkundige Männer aus dem Osten und fragten: »Wo ist der neugeborene König der Juden? Wir haben seinen Stern aufgehen sehen und sind gekommen, um ihm zu huldigen.« Als der König das hörte, erschrak er sehr, denn er fürchtete um seinen Thron. Die jüdischen Schriftgelehrten* wussten, dass nach den Schriften der Propheten Betlehem die Geburtsstadt des Messias sei. Deshalb schickte Herodes die sternenkundigen Weisen dorthin und bat sie, ihm anschließend alles zu berichten. So machten sich die Männer wieder auf den Weg. Der Stern zog vor ihnen her und über dem Ort, wo das Kind war, blieb er stehen. Da fielen die Männer vor dem Kind auf die Knie und huldigten ihm. Dann holten sie ihre Geschenke – Gold, Weihrauch und Myrrhe – hervor und gaben sie Jesus. Weil aber Gott ihnen im Traum befahl, nicht zu Herodes zurückzukehren, zogen sie auf einem anderen Weg heim in ihr Land.

Was bedeuten die Geschenke der Könige?

Gold schenkte man Königen. Weihrauch, ein duftendes Harz, wurde zu Ehren Gottes verbrannt und Myrrhe, ein wohlriechendes Gummiharz, diente zum Salben der Toten. So deuten die Geschenke darauf hin, dass Jesus der König der Welt und der Sohn Gottes ist und zuletzt sogar für die Menschen sterben wird.

DER MALER

Gentile da Fabriano (um 1370–1427) malte in seinen Bildern gerne viele Einzelheiten in einer überaus feinen und prächtigen Malweise. Dafür war der italienische Maler aus der Zeit vom Ende der Gotik* und dem Beginn der Frührenaissance* auch schon zu seinen Lebzeiten berühmt.

Das Fest der Heiligen Drei Könige, das auch »Erscheinung des Herrn« genannt wird, weil die Könige als Erste Jesus als Herrn der Welt erkannten, war lange Zeit viel wichtiger als das Weihnachtsfest, das eigentliche Geburtsfest. Und es gibt heute noch Länder – Italien zum Beispiel –, da bekommen die Kinder ihre Weihnachtsgeschenke am Dreikönigstag.

Das ist ein wirklich königlicher Einzug! Was für ein Prunk und Glanz! Als dieses Bild um 1420 von Gentile da Fabriano in Florenz für die Grabkapelle der damals reichsten Familie der Stadt gemalt wurde, war es das schönste und prächtigste Gemälde, das die Florentiner je gesehen hatten. Die Materialien für die Bilder waren damals nämlich sehr teuer, nicht jeder konnte sich so ein prächtiges Bild leisten. Aber hier durfte der Maler Silber, Gold und Blau, das die teuerste Farbe war, in verschwenderischer Fülle verwenden. Doch nicht nur der Einzug der Könige und ihres Gefolges ist hier geschildert. Unter den Bögen des reich geschnitzten Rahmens erzählt uns der Maler außerdem noch, wie die Könige den Stern entdeckten (links), von ihrer Reise nach Jerusalem (in der Mitte) und von ihrer Ankunft in Betlehem (rechts). Im Rahmen selbst sind links der Verkündigungsengel, in der Mitte Christus und rechts Maria zu erkennen und in den kleinen Bildern unten links die Geburt Jesu, die Flucht nach Ägypten in der Mitte und rechts die Darbringung von Jesus im Tempel, die noch heute an Mariä Lichtmess am 2. Februar gefeiert wird.

Mit dem Esel unterwegs

Auf der Flucht nach Ägypten

Vor einer weiten Landschaft führt Josef den Esel mit Maria und dem Kind. Sie sind auf der Flucht. Josef trägt einen Wanderstock und macht große Schritte. Er möchte schnell vorwärtskommen. Maria hält Jesus sanft an sich gedrückt. Ernst schaut sie auf das verängstigte Kind. Aber trotz aller Sorge ist die Rettung nahe. Der Fluss im Hintergrund ist wohl der Nil. Ein Fährboot hat die Heilige Familie übergesetzt. Sie haben Ägypten erreicht und können nun weiterziehen bis zur nächsten Stadt.

AUS DEM NEUEN TESTAMENT

Als die Heiligen Drei Könige sich wieder auf den Heimweg begeben hatten, erschien Josef im Traum ein Engel. Er sagte: »Steh auf, nimm das Kind und seine Mutter und fliehe mit ihnen nach Ägypten! Bleibe dort, bis ich es dir sage, denn Herodes wird das Kind suchen, um es zu töten.« Da floh Josef mit Maria und dem Kind nach Ägypten. Herodes aber ließ, als die weisen Männer nicht zu ihm zurückkamen, in Betlehem und dessen Umgebung alle Knaben bis zum Alter von zwei Jahren töten.

Als Herodes gestorben war, kam der Engel wieder zu Josef. Er sagte zu ihm: »Steh auf, nimm das Kind und seine Mutter und ziehe zurück in das Land Israel, denn König Herodes ist tot.« Da verließ Josef Ägypten, kehrte zurück und ließ sich mit seiner Familie in der Stadt Nazareth nieder.

Die Farben sind leuchtend und bunt, fast märchenhaft. Maria ist in einen prächtig gemusterten Umhang gehüllt. Ganz nah zeigt uns der Maler Vittore Carpaccio die Figuren. Die Landschaft dahinter wirkt dagegen sehr klein. Aber auch hier versucht der Maler, Pflanzen und Bäume in ihrer Unterschiedlichkeit so genau wiederzugeben, dass man sie erkennen kann.

DER MALER

Vittore Carpaccio (um 1460–1525/26) war einer der Hauptmeister der venezianischen Malerei um 1500. Carpaccio ist vor allem für seinen erzählenden Malstil mit vielen märchenhaften Einzelheiten berühmt. Er schuf mehrere große Bilderserien, darunter das Leben von Maria, der heiligen Ursula, des heiligen Stephanus und die Geschichte vom Wunder der Reliquie* des heiligen Kreuzes.

Aber ist das wirklich Ägypten?

Das sieht doch eher wie die oberitalienische Heimat des Malers aus! So wird die Erzählung der Bibel vom Künstler in die Landschaft seiner Umgebung und in seine eigene Zeit versetzt. Dadurch ist das heilige Geschehen kein fernes Ereignis mehr, sondern ganz nah gerückt.

Vittore Carpaccio: Die Flucht nach Ägypten

Wie ist es, wenn man sein Zuhause verlassen muss?

Wie ist es, wenn der Feind hinter einem her ist? Maria und
Josef mussten durch die Wüste Negeb und über die ge-
birgige Sinaihalbinsel, um von Betlehem nach Ägypten
zu kommen. Das war sicher sehr viel dramatischer als auf
diesem Gemälde. Dennoch waren die hier im Bild gezeigten
Gefühle für die Menschen vor fünfhundert Jahren schon
sehr lebensnah geschildert. Vorher waren heilige Darstellungen oft noch viel weiter weg vom alltäglichen Erleben
der Menschen gewesen.

55

Die Taufe im Jordan

Jesus wird von Johannes getauft

Der Jordan ist der längste Fluss in Israel. Er entspringt im Norden und fließt durch den See Genezareth bis ins Tote Meer.

Der römische Kaiser Tiberius regierte nach Kaiser Augustus von 14–37 nach Christi Geburt. Unter ihm gab es in Jerusalem keinen eigenen König mehr, sondern einen römischen Statthalter, der den Kaiser vertrat. Das war Pontius Pilatus.

Was bedeutet die Taufe?
Die Taufe ist das Zeichen dafür, dass jemand im christlichen Glauben zu Gott gehören will.

AUS DEM NEUEN TESTAMENT

In der Zeit des Kaisers Tiberius, als Pontius Pilatus römischer Statthalter in Jerusalem war und Jesus ein junger Mann, erging der Ruf Gottes an Johannes. Er war der Sohn von Zacharias und Elisabeth, die mit Maria verwandt war. Johannes zog in die Wüste, kleidete sich in ein Gewand aus Kamelhaaren und ernährte sich von Heuschrecken und wildem Honig.

Später predigte er im ganzen Land und begann am Jordan die Menschen zu taufen. Er forderte sie auf, ihr Leben zu ändern, und verkündete: »Nach mir kommt einer, der ist stärker als ich. Ich bin es nicht wert, ihm die Schuhe aufzuschnüren. Ich taufe euch nur mit Wasser, er aber wird euch mit dem Heiligen Geist taufen.«

Als Johannes Jesus auf sich zukommen sah, sagte er: »Er ist das Lamm Gottes. Er tilgt die Schuld der Welt.« Jesus ließ sich von Johannes im Jordan taufen. Da öffnete sich der Himmel und der Geist Gottes kam in Gestalt einer Taube herab. Eine Stimme ertönte: »Das ist mein geliebter Sohn, an dem ich Gefallen gefunden habe.« Nach seiner Taufe verbrachte Jesus vierzig Tage in der Wüste. Da kam der Teufel und versuchte, Jesus mit vielen Versprechungen von seinem Weg abzubringen. Doch Jesus ließ sich nicht verleiten, dem Teufel zu dienen.

DER MALER

Zu **Guido Reni** siehe Seite 36

Mit erhobenem Arm gießt Johannes der Täufer Wasser aus einer Schale über das Haupt von Jesus. In seiner linken Hand hält er einen Kreuzstab, an dem man ihn oft erkennen kann. Johannes wirkt kräftig, seine Haut ist dunkel. Jesus hat eine helle Haut. Demutsvoll und in sich gekehrt lässt er sich taufen. Auch Johannes ist voller Andacht. Beide scheinen den besonderen Augenblick der Taufe sehr intensiv wahrzunehmen. Sie sind stimmungsvoll vor dem Dunkel der Landschaft in silbriges Licht getaucht. Im Gegensatz dazu leuchten die Engel farbig aus dem Hintergrund. Sie halten das Gewand von Jesus bereit. Der italienische Barockmaler* Guido Reni malte dieses stille und feierliche Bild, das zeigt, wie Jesus durch die Stimme Gottvaters und durch das Erscheinen der Taube des Heiligen Geistes als Sohn Gottes bezeugt wurde.

Über der Szene erscheint im durchbrechenden Licht eine Taube als Bild des Heiligen Geistes.

Menschenfischer

Jesus beruft seine ersten Jünger

Um einen Tisch sitzen fünf Männer. Sie zählen Geld. Es sind Zöllner. Da geht Jesus vorbei, streckt seine Hand aus und fordert einen von ihnen auf mitzukommen. Auch der Apostel Petrus wiederholt die Geste. Der, den das Licht trifft, ist Matthäus. Er zeigt mit der Hand auf sich: »Meinst du mich? Oder den da drüben?«

Der Maler Caravaggio erzählt die Berufung des Zöllners Matthäus anders, als die Evangelien* in der Bibel sie uns berichten. Matthäus steht nicht einfach auf, um zum Apostel oder Jünger Jesu zu werden. Er schaut fragend und scheint unsicher zu sein, ob er überhaupt gemeint ist. Ob er keine Lust hat? So zeigt der Maler, dass eine Berufung zur Nachfolge Jesu nicht einfach geschieht. Man muss überzeugt sein und sich dafür entscheiden.

AUS DEM NEUEN TESTAMENT

Unter den Fischern am See Genezareth fand Jesus seine ersten Jünger: Simon und seinen Bruder Andreas und die Brüder Jakobus und Johannes. Jesus verhalf ihnen zu einem reichen Fischfang. Dann aber sagte er: »Kommt mit mir. Ich werde euch zu Menschenfischern machen.« Da ließen sie alles zurück und folgten Jesus, denn seine Worte und Taten hatten sie ergriffen.

Einige Zeit später kam Jesus auch an einer Zollstelle vorbei. Er sagte dem Zöllner Matthäus: »Folge mir nach!« Und auch dieser stand auf und ging mit Jesus. Dann gab Matthäus in seinem Haus ein großes Festmahl für Jesus. Als die Schriftgelehrten* das erfuhren, empörten sie sich, denn die Zöllner, die oft betrügerisch Geld für sich selbst einnahmen, waren damals sehr verrufen. Die Pharisäer* sagten zu den Jüngern: »Wie kann euer Meister zusammen mit Zöllnern und Sündern essen und trinken?« Doch Jesus antwortete ihnen: »Nicht die Gesunden brauchen den Arzt, sondern die Kranken. Ich bin gekommen, um die Sünder zur Umkehr zu rufen, nicht die Gerechten. Barmherzigkeit will ich, nicht Opfer.«

DER MALER

Caravaggio (1571–1610) gehört zu den Begründern der Barockmalerei* in Rom. Sein ungewöhnlicher Stil mit unglaublich wirklichkeitsnahen Einzelheiten, seine starken Gegensätze von Hell und Dunkel, sein eindrucksvoller Bildaufbau und seine Art, in Bildern Geschichten zu erzählen, haben ihn zum wichtigsten Vorbild für viele Maler des 17. Jahrhunderts werden lassen. Er zählt zu den größten Neuerern in der Entwicklung der Malerei.

Caravaggio hat dem Bild eine Form gegeben, die für die Menschen seiner Zeit schockierend war. Die Zöllner, unter denen sich ein zukünftiger Apostel befindet, sehen aus wie Spieler an einem Wirtshaustisch. Sie tragen modische Gewänder. In ihnen hätte sich auch der damalige Betrachter wiedererkennen können. Aber eigentlich hätte er mit diesen zweifelhaften Typen nichts zu tun haben wollen. So durfte man heilige Geschichten nicht darstellen! Doch gerade dadurch wird das längst vergangene Ereignis aus der Bibel in die Gegenwart geholt. Auch die Betrachter des Bildes – wir – sollen uns fragen: Meinst du mich?

Caravaggio: Die Berufung des Matthäus

Ist es Tag oder Nacht in diesem Bild? Sind die Leute drinnen oder draußen?

Nur einige Teile des Bildes sind hell erleuchtet – das, was wichtig ist. Alles andere verschwindet im Dunkel. Es ist nebensächlich, ob die Männer drinnen oder draußen sitzen. Für dieses Helldunkel und das Betonen des Wesentlichen ist Caravaggio berühmt geworden.

Die Jünger Jesu waren seine Schüler, Männer und Frauen, die ihm nachfolgten. Die engsten Jünger Jesu werden als Apostel bezeichnet. Dieses Wort bedeutet Gesandter mit der Vollmacht Jesu.

Vater unser im Himmel

Die Bergpredigt

AUS DEM NEUEN TESTAMENT

Von nun an zog Jesus mit seinen Jüngern durch Galiläa und lehrte. Viele Menschen folgten ihm. Einmal stieg er auf einen Berg, weil so viele um ihn waren. Dann begann er zu reden: »Selig die Armen, denn ihnen gehört das Himmelreich. Selig die Trauernden, denn sie werden getröstet werden. Selig, die keine Gewalt anwenden, denn sie werden das Land erben. Selig, die hungern und dürsten nach der Gerechtigkeit, denn sie werden satt werden. Selig die Barmherzigen, denn sie werden Erbarmen finden. Selig, die ein reines Herz haben, denn sie werden Gott sehen. Selig, die Frieden stiften, denn sie werden Kinder Gottes genannt werden. Selig, die um der Gerechtigkeit willen verfolgt werden, denn ihnen gehört das Himmelreich. Liebt eure Feinde und betet für die, die euch verfolgen! Verurteilt nicht, damit ihr nicht verurteilt werdet! Sammelt keine Schätze auf Erden, sondern im Himmel! Aber stellt euer gutes Handeln nicht zur Schau! Und alles, was ihr von den anderen erwartet, das tut auch ihnen!« Jesus erzählte noch lange, wie die Menschen leben sollten. Dann lehrte er sie das Gebet des Herrn, das Vaterunser. Als Jesus vom Berg herabstieg, kam ein Aussätziger zu ihm. Er fiel vor ihm nieder und sagte: »Herr, wenn du willst, kannst du machen, dass ich rein werde.« Da streckte Jesus seine Hand aus, berührte ihn und sprach: »Werde rein.« Und der Aussätzige war wieder gesund.

DER MALER

Cosimo Rosselli (1439–1507) war ein Maler der Frührenaissance*. Er schuf vor allem Bilder für Altäre*, Bildnisse* und Wandgemälde. Rosselli war eher ein guter Handwerker als ein erfindungsreicher Künstler. Doch vielleicht gerade deshalb hat er vom damaligen Papst, der einen etwas altmodischen Kunstgeschmack gehabt haben soll, die Leitung bei der ersten Ausmalung der Sixtinischen Kapelle übertragen bekommen.

Vor einer weiten Landschaft hat sich viel Volk versammelt. Jesus steht auf einem kleinen Hügel. Er spricht zu den Menschen. Hinter ihm sitzen und stehen die Jünger. Dieses Bild der Bergpredigt befindet sich in der Sixtinischen Kapelle im Palast des Papstes in Rom. Cosimo Rosselli hat es am Ende des 15. Jahrhunderts gemalt. Damals ordnete man die Figuren gerne so gleichmäßig an. Doch Rosselli war auch ein etwas altmodischer und steifer Maler. Aber mit viel Gold, Lapislazuliblau und lebhaften Farben gelang ihm ein ansprechendes Bild. Später schuf Michelangelo seine berühmten Werke für diese Kapelle (siehe Seiten 10/11).

Wie malt man eine Predigt?

Das war für den Maler sicher nicht einfach. In einer Predigt wird den Gläubigen das Wort Gottes erklärt, und in der Bergpredigt hat Jesus seine ganze Lehre zusammengefasst: So sollen die Menschen leben. Und er preist gerade jene selig, die im alltäglichen Leben oft wenig geachtet sind. Der Maler konnte das nicht zeigen, deshalb hat er sich damit begnügt darzustellen, wie unterschiedlich die Menschen auf die Predigt reagieren.

Die sogenannten Aussätzigen waren meist Leprakranke. Sie durften damals nicht mit Gesunden zusammenleben, um sie nicht anzustecken. Sie mussten Lumpen tragen und »Unrein, unrein« rufen, wenn ihnen jemand begegnete. Lepra gibt es auch heute noch in armen Ländern, dabei werden Haut und Nerven zerstört. Doch kann diese Krankheit nun geheilt werden.

Cosimo Rosselli: Die Bergpredigt

Das Gebet des Herrn

Vater unser im Himmel,
geheiligt werde Dein Name.
Dein Reich komme.
Dein Wille geschehe, wie im Himmel,
so auf Erden.
Unser tägliches Brot gib uns heute.
Und vergib uns unsere Schuld,
wie auch wir vergeben unseren Schuldigern.
Und führe uns nicht in Versuchung,
sondern erlöse uns von dem Bösen.
Denn Dein ist das Reich und die Kraft und
die Herrlichkeit in Ewigkeit.
Amen

Jesus ist auf diesem Bild mehrmals zu sehen!

Jesus predigt, er kommt mit seinen Jüngern vom Berg herunter, und rechts im Bild heilt er den aussätzigen Mann. So hat der Maler gleich zwei Geschichten in einem Bild erzählt und die Lehre Jesu mit seinen Wundertaten verknüpft.

Ein Gelähmter kann wieder gehen
Jesus heilt Kranke

Da ist Jesus. Groß und nah steht er in der Mitte des Bildes. Wir müssen zu ihm genauso aufblicken wie der Gelähmte. Offen und voll Mitgefühl schaut Jesus auf diesen und streckt ihm seine Hand entgegen. Auch die Apostel, die Jesus begleiten, wenden sich dem Kranken zu. Noch ist das Wunder nicht geschehen. Warum zeigt es der Maler nicht?

AUS DEM NEUEN TESTAMENT

So lehrte Jesus, und die Menschen hörten ihm zu. Viele brachten aber auch Kranke zu ihm, damit er sie heile. Andere kamen selbst, um Heilung zu suchen. Es waren Gelähmte, Stumme, Blinde, Aussätzige und Besessene darunter. Jesus machte sie alle gesund. Einmal ging Jesus zu einem Fest nach Jerusalem. Dort lagen an einem Teich, der von großen Säulenhallen umgeben war, viele Kranke. Manchmal stieg ein Engel des Herrn zum Wasser herab, dann geriet es in Bewegung. Wer danach als Erster ins Wasser stieg, wurde gesund. An diesem Teich lag auch ein gelähmter Mann, der schon viele Jahre krank war. Jesus fragte ihn: »Willst du gesund werden?« Der Kranke antwortete: »Herr, ich habe niemanden, der mich zum Wasser hinabträgt. Wenn ich allein den Teich erreichen will, ist immer schon ein anderer vor mir dort.« Da sagte Jesus zu ihm: »Steh auf, nimm deinen Strohsack und geh!« Da war der Mann gesund. Er nahm seinen Strohsack und ging. Dieser Tag war aber ein Sabbat*. Das ärgerte die Juden, denn am Tag des Herrn durfte man nicht arbeiten und auch keinen Strohsack tragen. Als sie Jesus das vorhielten, antwortete er: »Mein Vater wirkt ohne Unterbrechung, und so halte ich es auch.« Damit brachte er sie noch mehr gegen sich auf, denn Jesus hatte nicht nur den Sabbat nicht gehalten, sondern auch noch Gott seinen Vater genannt. Das war für sie eine Gotteslästerung.

DER MALER

Bartolomé Esteban Murillo (1618–1682) gehört neben Velázquez (siehe Seiten 26/27) zu den berühmtesten spanischen Malern. Er lebte in Sevilla, wo er vor allem religiöse Gemälde und Bilder mit Szenen aus dem Alltagsleben schuf. Murillo verband wirklichkeitsnahe Darstellungen mit einem weichen Malstil. Stimmungsvoll sind seine Bilder mit dunstig verschwimmenden Farben. Am bekanntesten sind seine Darstellungen von Kindern, die in den Straßen von Sevilla spielen oder Obst verkaufen.

Eine dunstige Stimmung liegt über dem Bild. Alle Formen sind weich und sanft gemalt. Murillo hat dieses stimmungsvolle Bild für die Kirche eines Krankenhauses in Sevilla geschaffen. Dieses gehörte einer Bruderschaft. Bruderschaften sind fromme Vereinigungen, deren Mitglieder gemeinsam beten und sich um kranke und bedürftige Menschen kümmern. Murillo bekam den Auftrag, für deren Kirche sechs Bilder mit Begebenheiten aus der Bibel zu malen. Sie sollten als Sinnbilder für Barmherzigkeit die Aufgaben des Krankenhauses und der Bruderschaft darstellen. Vielleicht hat Murillo deshalb nicht das Wunder selbst gezeigt, weil er vor allem das Mitgefühl von Jesus in den Mittelpunkt rücken wollte. Außerdem waren die damaligen Betrachter vor allem Kranke. Sie alle hofften wie der Gelähmte auf Heilung.

Bartolomé Esteban Murillo: Jesus heilt einen Gelähmten am Teich Betesda

Weite Hallen umgeben den Teich in dem Bild des spanischen Malers Murillo. Kranke kommen und gehen oder liegen auf dem Boden. Sie warten auf den Engel, der schon am Himmel zu sehen ist, und auf das Aufsprudeln des Wassers. Vorne liegt arm und zerlumpt wie ein Bettler der Gelähmte auf dem Boden.

Wunder auf dem See Genezareth

Stärker als
der Sturm

AUS DEM NEUEN TESTAMENT

Eines Tages, nachdem Jesus an den Ufern des Sees Genezareth vielen Menschen seine Botschaft verkündet hatte, sagte er am Abend zu seinen Jüngern: »Kommt! Fahren wir hinüber ans andere Ufer des Sees!« Sie stiegen in ihr Boot und fuhren los. Jesus legte sich auf ein Kissen und schlief ein. Da erhob sich plötzlich ein gewaltiger Sturm. Das Wasser schlug in das Boot. Alle bekamen Angst. Sie befanden sich in großer Gefahr. Nur Jesus schlief immer noch. Da weckten ihn die Jünger und riefen: »Herr, rette uns, wir gehen zu Grunde!« Jesus stand auf und gebot dem Sturm aufzuhören. Dann sagte er: »Warum habt ihr solche Angst? Habt ihr keinen Glauben?« Nun erschraken die Jünger und staunten. Sie sagten: »Was ist das für ein Mensch, dass ihm sogar Wind und Wasser gehorchen!«

DER MALER

Rembrandt Harmensz van Rijn (1607? – 1669)
Wie so oft in seinem Werk zeigt der Maler Rembrandt auch hier ein dramatisches Geschehen genau auf seinem Höhepunkt. Licht und Dunkelheit kämpfen miteinander ebenso wie Sturm und Stille. Gefahr und Bedrohung werden in Rettung verwandelt. Mehr zu Rembrandt siehe Seite 20.

Wild schlagen die Wellen gegen das Boot. Wasser schwappt über die Bordkanten, ein Tau peitscht im Wind. Das große Segel beginnt unter der Gewalt des Sturmes zu reißen. Alles schwankt. Alles ist aus dem Lot geraten.
Einige der Jünger versuchen verzweifelt gegen die Macht von Wasser und Wind anzukämpfen. Sie zerren an den Tauen und Segeln. Die anderen wenden sich voll Angst an Jesus. Einer von ihnen hat Jesus wachgerüttelt und packt ihn gerade an der Schulter. Andere warten, ihrem Schicksal ergeben und verängstigt. Einer ist sogar seekrank! Oder ist ihm vor Angst schlecht geworden? Er muss sich übergeben. Petrus redet auf Jesus ein.
Jesus sitzt ruhig im hinteren Teil des Bootes. Um ihn herum beginnt sich Ruhe auszubreiten. Jesus hat dem Sturm schon Einhalt geboten. Der Himmel links wird heller. Ein breiter Sonnenstrahl bricht durch und fällt auf das Schiff. Die Wogen dahinter beruhigen sich schon.

Das Schiff war seit alters her ein Sinnbild für die Kirche. Noch häufiger aber galten Schiffe im Sturm als Gleichnis für das menschliche Leben. Und auch der Maler Rembrandt hat die Erzählung und sein Bild als Gleichnis für die Errettung des Menschen in den Gefahren des Lebens verstanden.

Jesus und seine Jünger hatten zwar nur ein einfaches Ruderboot. Der Maler Rembrandt aber war Holländer, das war ein altes Seefahrervolk. Deshalb nahm der Künstler lieber ein Segelschiff für sein Bild. Die Apostel sehen bei ihm aus wie einfache Menschen aus dem Volk.

Rembrandt:
Der Sturm
auf dem See

Der See Genezareth, der auch »See Tiberias« genannt wird, liegt in Galiläa im nördlichen Teil Israels in einem von Bergen umgebenen Becken und ist bekannt für seine plötzlich aufkommenden heftigen Stürme.

Das Gleichnis von der Vergebung

Der verlorene Sohn

Dieses Bild hat wieder der spanische Maler Murillo gemalt – für die gleiche Kirche in Sevilla wie auch das Bild mit der Heilung des Gelähmten (siehe Seiten 62/63). So wie der Sohn hier neue Kleider bekommt, sollten die Armen und Bedürftigen in der Bruderschaft neue Kleider erhalten.

AUS DEM NEUEN TESTAMENT

Jesus erzählte viele Gleichnisse, damit die Menschen besser verstehen konnten, was er sie lehren wollte. Als sich einmal die Pharisäer* und Schriftgelehrten* darüber empörten, dass er sich mit Sündern abgab, erzählte er ihnen diese Geschichte: Ein Mann hatte zwei Söhne. Als der jüngere erwachsen war, ließ er sich sein Erbteil auszahlen und zog damit in ein anderes Land. Dort führte er ein zügelloses Leben und verschleuderte alles, was er besaß. Dann kam eine Hungersnot über das Land. Er musste Schweinehirt werden und litt große Not. Da dachte er, ich bin es nicht mehr wert, der Sohn meines Vaters zu sein, aber ich werde ihn bitten, dass er mich als Tagelöhner nimmt. Dann habe ich wenigstens genug zu essen. So machte er sich auf den Weg nach Hause. Der Vater sah ihn schon von weitem kommen und eilte ihm entgegen. Da sagte der Sohn: »Vater, ich habe mich gegen den Himmel und gegen dich versündigt. Ich bin nicht mehr wert dein Sohn zu sein.« Doch der Vater befahl seinen Dienern, ihm schöne Gewänder, Schuhe und einen kostbaren Ring zu bringen. Dann wurde ein Mastkalb geschlachtet und alle begannen ein fröhliches Fest zu feiern. Nur der ältere Sohn war gekränkt und sagte zum Vater: »So viele Jahre schon diene ich dir, aber du hast mir noch nie auch nur einen Ziegenbock geschenkt, um ein Fest mit meinen Freunden zu feiern.« Da antwortete ihm der Vater: »Mein Sohn, du bist immer bei mir, und alles, was mein ist, ist auch dein. Jetzt aber müssen wir uns doch freuen und feiern, denn dein Bruder war verloren und ist wiedergefunden worden.«

DER MALER

Zu **Bartolomé Esteban Murillo** siehe Seite 62

Barfuß, schmutzig und zerlumpt ist der Sohn vor seinem Vater in die Knie gesunken. Fast ängstlich und voll Reue bittet er um Vergebung für sein Verhalten. Aber er ist auch erleichtert, denn der Vater schaut gütig auf ihn, umarmt ihn und heißt ihn willkommen. Auch der kleine Hund springt zur Begrüßung hoch. Links wird schon das Mastkalb herbeigeführt und rechts bringen Diener prächtige Kleider und einen kostbaren Ring für den heimgekehrten Sohn. Neugierde, Überraschung und Freude spiegeln sich auf den Gesichtern. Alle reden aufgeregt durcheinander.

Sind wirklich alle froh?

Der Mann ganz rechts im dunklen Schatten wirkt abweisend und verschlossen. Er ist der ältere Bruder. Eifersucht quält ihn. Er hätte gerne, dass der Vater auch für ihn ein schönes Fest gibt.

Bartolomé Esteban Murillo: Die Heimkehr des verlorenen Sohnes

Die Geschichte vom verlorenen Sohn hat aber noch eine
Bedeutung: Wen meinte Jesus wohl mit dem verlorenen
Sohn und wen mit dem Vater? Der verzeihende Vater
ist ein Sinnbild für den barmherzigen Gott, der jeden, der
umkehrt, mit offenen Armen empfängt. Der verlorene Sohn
ist ein Bild für den Menschen und seine Fehler.

Helfer aus der Fremde

Der barmherzige Samariter

AUS DEM NEUEN TESTAMENT

Einmal fragte ein Schriftgelehrter* Jesus, um ihn auf die Probe zu stellen: »Meister, was muss ich tun, um das ewige Leben zu erlangen?« Jesus sagte zu ihm: »Was steht im Gesetz?« Da antwortete er: »Du sollst den Herrn, deinen Gott, lieben mit ganzem Herzen und deinen Nächsten sollst du lieben wie dich selbst.« Als Jesus ihm sagte, dass das richtig sei, fragte er: »Und wer ist mein Nächster?« Nun erzählte Jesus die folgende Geschichte:

Ein Mann ging von Jerusalem nach Jericho hinab und wurde von Räubern überfallen. Sie schlugen ihn nieder, plünderten ihn aus und ließen ihn liegen. Da kam ein Priester vorbei. Er sah den Mann liegen und ging weiter. Auch ein Levit, das war ein Tempeldiener, kam vorbei und ging weiter. Dann kam ein Fremder aus Samaria. Als er den Verletzten sah, hatte er Mitleid und ging zu ihm. Er verband seine Wunden, hob ihn auf sein Reittier und brachte ihn zu einer Herberge. Dort sorgte er für ihn. Am nächsten Tag bat er den Wirt, sich um den Verletzten zu kümmern, und gab ihm Geld dafür. Er sagte noch: »Wenn du mehr brauchst, werde ich es dir bezahlen, wenn ich wiederkomme.« Dann fragte Jesus den Schriftgelehrten: »Was meinst du, wer war der Nächste des Mannes, der unter die Räuber gefallen war?« Der Gesetzeslehrer antwortete: »Der, der barmherzig an ihm gehandelt hat.« Da sagte Jesus: »Geh und handle genauso!«

DER MALER

Francesco Bassano (1549–1592) stammte aus einer weit verzweigten Malerfamilie in der norditalienischen Stadt Bassano. Er arbeitete später jedoch vor allem in Venedig. Mit flotten Pinselstrichen und vielen Lichteffekten schuf er dort erzählerische und genau beschreibende Bilder.

Jesus erzählt die Geschichte so, dass der ausgeplünderte Mann, das Opfer, im Mittelpunkt steht. Und auch der Maler Francesco Bassano rückt den Verletzten in den Mittelpunkt unserer Aufmerksamkeit.
In einer unbewohnten Gegend liegt der Mann auf dem Boden. Die Räuber haben ihm alles genommen außer seinem Turban. Er ist verwundet. Doch der barmherzige Samariter hat schon angefangen, den Verletzten zu verbinden.

Aber auch das, was vorher geschah, hat der Maler im Bild festgehalten: Auf dem Weg in der Bildmitte sehen wir noch den Leviten und ganz hinten den Priester gehen. Und links verstecken im Dickicht des Waldes die Räuber ihre Beute.

Wie wurden früher Verletzte versorgt?

In der Bibel wird berichtet, dass der Samariter Öl und Wein auf die Wunden des Verletzten goss. Und auch das Bild zeigt im Vordergrund Gefäße, in denen Öl und Wein aufbewahrt wurden. Der Samariter hat sie wohl aus seinen Vorräten geholt. Mit dem Wein wurden die Wunden desinfiziert, das Olivenöl sollte heilen. Zum Verbinden wurden dann Leinentücher genommen.

Francesco Bassano: Der barmherzige Samariter

Derjenige, der dem Verletzten geholfen hat, war ein verachteter Fremder, ein Ausländer. Samaria lag zwischen Judäa, dem südlichen Teil von Kanaan, und Galiläa im Norden. Die dort lebenden Samariter wurden von den Juden als Feinde betrachtet. Man sah auf sie herunter und wollte nichts mit ihnen zu tun haben. Doch gerade einer von ihnen hat geholfen. So zeigt uns das Gleichnis nicht nur, dass wir helfen sollen, sondern auch, dass wir unsere Einstellung fremden Menschen gegenüber überdenken müssen.

Die ungleichen Schwestern

Jesus bei Maria und Martha

Der holländische Maler Jan Vermeer zeigt nur die drei Hauptpersonen. Jesus sitzt auf einem Stuhl, Maria vor ihm auf einem Schemel. Ihren Kopf hat sie nachdenklich in die Hand gestützt. Sie schaut zu Jesus hoch, der mit Martha spricht und dabei mit seiner rechten Hand auf Maria deutet.

Ob Martha ärgerlich ist?

Sie wirkt eigentlich nicht so. Auch sie hört auf Jesus. Es ist ein stilles Bild, ganz ohne Beiwerk. Keine der dargestellten Personen schaut uns an. Keine von ihnen befindet sich im Mittelpunkt des Bildes. Und obwohl wir nichts von dem Gespräch hören können, merken wir, dass es spannend ist. Vermeer hat das durch einfache Formen und scharfe Gegensätze von Licht und Dunkel erreicht.

AUS DEM NEUEN TESTAMENT

Als Jesus lehrend durch das Land zog, kehrte er einmal bei den Schwestern Maria und Martha ein. Maria setzte sich zu Füßen Jesu und hörte zu, was er erzählte. Martha aber ging in die Küche, um für ihn und alle Gäste zu sorgen. Nach einer Weile kam sie zu Jesus und beklagte sich: »Herr, kümmert es dich nicht, dass meine Schwester die ganze Arbeit mir allein überlässt? Sag ihr doch, sie soll mir helfen!« Jesus aber antwortete ihr: »Martha, Martha, du machst dir viele Sorgen und Mühen. Aber nur eines ist wirklich notwendig. Maria hat sich für das Bessere entschieden. Das soll ihr niemand nehmen.«

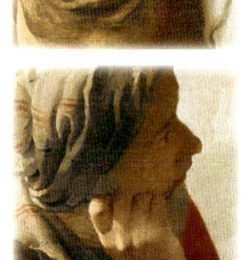

Schon lange vor Vermeer sind die beiden ungleichen Schwestern als Sinnbilder für verschiedene Lebensweisen verstanden worden. Martha stellte dabei das tätige Leben dar, das »vita activa« genannt wurde. Heute könnte man damit Tatkraft und Karriere verbinden. Maria steht dagegen für die sogenannte »vita contemplativa«, das ist eine Lebensform, die sich mehr dem Nachdenken zuwendet.

DER MALER

Jan Vermeer (1632–1675), einer der berühmtesten holländischen Maler, schuf vor allem Innenraumbilder, oft mit Lesenden oder Musizierenden. Eine große Stille und ein ganz besonderes Licht zeichnen diese Bilder aus. Es gibt keine Bewegung in ihnen. Die Zeit scheint stillzustehen. Bilder mit so großen Figuren wie dieses malte er nur am Anfang seiner Laufbahn. Insgesamt kennen wir nur sehr wenige Bilder von Vermeer. Er hat wohl viel Zeit zum Malen seiner Bilder gebraucht.

Manchmal wurde darüber gestritten, ob Maria oder Martha das Richtige tut. Vermeers Bild scheint beides gelten zu lassen. Um den Korb mit Brot sind alle drei vereint. Vielleicht geht es mehr darum, dass man das Richtige zur rechten Zeit tut. Einen Gast soll man bewirten, doch wenn er etwas Wichtiges sagen möchte, soll man ihm zuhören.

Wer wäre dir lieber, wenn du wie Jesus gerade zu Besuch gekommen wärst – Martha, die für dich sorgt, oder Maria, die dir zuhört?

Ein Toter wird wieder lebendig

Jesus weckt Lazarus von den Toten auf

Mehrere Menschen drängen sich um das Grab am Berghang, als Jesus mit seinen Jüngern kommt. Seine rechte Hand hat er wie zum Segen erhoben. Da erscheint Lazarus in der Öffnung des Grabes. Die Umstehenden sind fassungslos. Er lebt! Doch was zeigt das Bild noch? Die Schwestern knien um Hilfe flehend vor Jesus auf dem Boden und rechts schleppen zwei Männer die Grabplatte weg, während in der Mitte des Bildes Petrus Lazarus bereits von seinen Leichenbinden befreit. So berichtet der Maler Giotto nicht nur das Wunder selbst, sondern die ganze Geschichte in allen Einzelheiten.

AUS DEM NEUEN TESTAMENT

....

Einige Zeit später wurde Lazarus, der Bruder von Maria und Martha, krank. Deshalb sandten die Schwestern Jesus eine Nachricht. Als Jesus endlich kam, lag Lazarus jedoch schon vier Tage im Grab. Voll Trauer sagten die Schwestern zu Jesus: »Herr, wärst du hier gewesen, dann wäre unser Bruder nicht gestorben.« Sie und die Trauergäste weinten und Jesus weinte mit ihnen, denn er hatte Lazarus gern gehabt. Dann gingen sie zum Grab. Es war eine Höhle, die mit einem Stein verschlossen war. Jesus sagte: »Nehmt den Stein weg!« Martha aber entgegnete: »Herr, er riecht aber schon, denn es ist bereits der vierte Tag.« Nachdem sie den Stein weggewälzt hatten, rief Jesus mit lauter Stimme: »Lazarus, komm heraus!« Da kam der Verstorbene heraus. Sein Körper war mit Binden umwickelt und sein Gesicht verhüllt. Jesus sagte: »Löst ihm die Binden und lasst ihn weggehen!« Nach diesem Wunder wurden viele gläubig. Einige aber gingen zu den Pharisäern* und berichteten ihnen davon. Diese bekamen Angst, dass das ganze Volk sich Jesus anschließen könnte und sie ihren Einfluss verlieren würden. So beschlossen sie, Jesus zu töten.

Siehst du die Frauen rechts hinten?
Sie haben ihre Nasen verhüllt, um den Leichengeruch nicht riechen zu müssen.

DER MALER

....

Giotto di Bondone (1266–1337) ist einer der berühmtesten Künstler aller Zeiten, denn er führte in Italien eine neue Art ein, Bilder zu malen. Seine Vorgänger hatten schwebende himmlische Gestalten gemalt. Giottos Figuren besaßen eine vorher nicht gekannte Schwere. Als Erster erzählte er Geschichten und drückte auch die Gefühle der Dargestellten aus.

Klare Umrisse und einfache Formen kennzeichnen Giottos Malerei. Auch die Gesten sind einfach, aber sehr wirkungsvoll. Die Hand Jesu fällt vor dem blauen Himmel besonders auf! Und achte einmal auf die verschiedenen Blicke der Dargestellten!

Nach dem Glauben der damaligen Juden blieb die Seele noch drei Tage nach dem Tod in der Nähe des Körpers. Dass Jesus sie auch noch am vierten Tag zurückrufen konnte, machte das Wunder für die Menschen damals noch größer. Begraben wurden die Menschen meist bereits am Tag ihres Todes, weil es im Heiligen Land sehr heiß ist.

Giotto: Die Auferweckung des toten Lazarus

Ein königlicher Empfang

Jesus zieht in Jerusalem ein

Jesus reitet auf einem Esel. Seine rechte Hand hat er zum Segen erhoben. Viele Menschen kommen, um ihn zu begrüßen und zu ehren. Sie tragen Zweige mit Palmkätzchen. Auch auf dem Weg liegen Palmkätzchen verstreut. Rechts hat ein Mann sogar seinen Überrock ausgezogen. Er breitet ihn vor Jesus auf dem Boden aus. Wie über einen Teppich soll er in die Stadt reiten können. Ein anderer Mann lüpft seinen Hut zum Gruß. Hinter Jesus gehen die Jünger – als Erster Petrus. Ihn kann man immer ganz leicht an seiner Stirnglatze erkennen. Außerdem hat er auch noch – wie Apostel oft – ein Gebetbuch bei sich.

Weshalb ritt Jesus auf einem Esel?

In Friedenszeiten ritten damals auch Könige oft auf einem Esel. Ein Pferd erinnerte zu sehr an Krieg. Auch Jesus kam nicht als machtvoller Herrscher, sondern als einer, der Frieden und Gerechtigkeit bringt.

AUS DEM NEUEN TESTAMENT

Obwohl nun sein Leben in Gefahr war, zog Jesus, wie es Brauch bei den Juden war, zum Paschafest wieder nach Jerusalem. Zwei Jünger schickte er voraus. Sie sollten einen Esel holen. So erfüllte sich das alte Schriftwort: »Siehe, Jerusalem, dein König kommt. Er ist friedfertig und reitet auf einer Eselin.« Jesus ritt nun auf dem Tier in die Stadt. Die Menschen, die ihn begleiteten, breiteten ihre Kleider auf dem Boden aus, um ihm zu huldigen. Da geriet die ganze Stadt in Aufregung. Alle, die von der Auferweckung des Lazarus gehört hatten, gingen ihm entgegen. Sie schnitten Zweige von den Bäumen und streuten sie auf den Weg. Und sie riefen: »Hosanna! Gesegnet sei der König, der da kommt im Namen des Herrn. Hosanna in der Höhe!« So zog Jesus in die Stadt und zum Tempel.

Die Stadt Jerusalem sieht aus wie eine Stadt im Mittelalter*. Eine dicke Mauer umschließt sie, davor liegt der Stadtgraben mit einem Hirsch, dahinter eine hügelige Landschaft. Die Stadt könnte Wien sein, denn dort wurde der Altar* gemalt, zu dem dieses Bild gehört. Auch das Volk ist so gekleidet, wie es im 15. Jahrhundert, als dieses Bild gemalt wurde, üblich war. Es kommt oft vor, dass Maler eine biblische Begebenheit so schildern, als würde sie in ihrer eigenen Zeit stattfinden. Die Künstler wollten damit zeigen, dass diese Ereignisse nicht einfach vergangen sind, sondern zu allen Zeiten und überall Gültigkeit besitzen.

DER MALER

Wer dieses Bild mit den vielen Einzelheiten aus dem damaligen Leben gemalt hat, wissen wir nicht. Da der Altar für ein Kloster in Wien, das Schottenstift, geschaffen wurde, wird der Maler der »**Schottenmeister**« oder »**Meister des Schottenaltars**« genannt. Er arbeitete um 1470 in Wien und gehört zu den bedeutendsten Malern der Spätgotik* in Österreich.

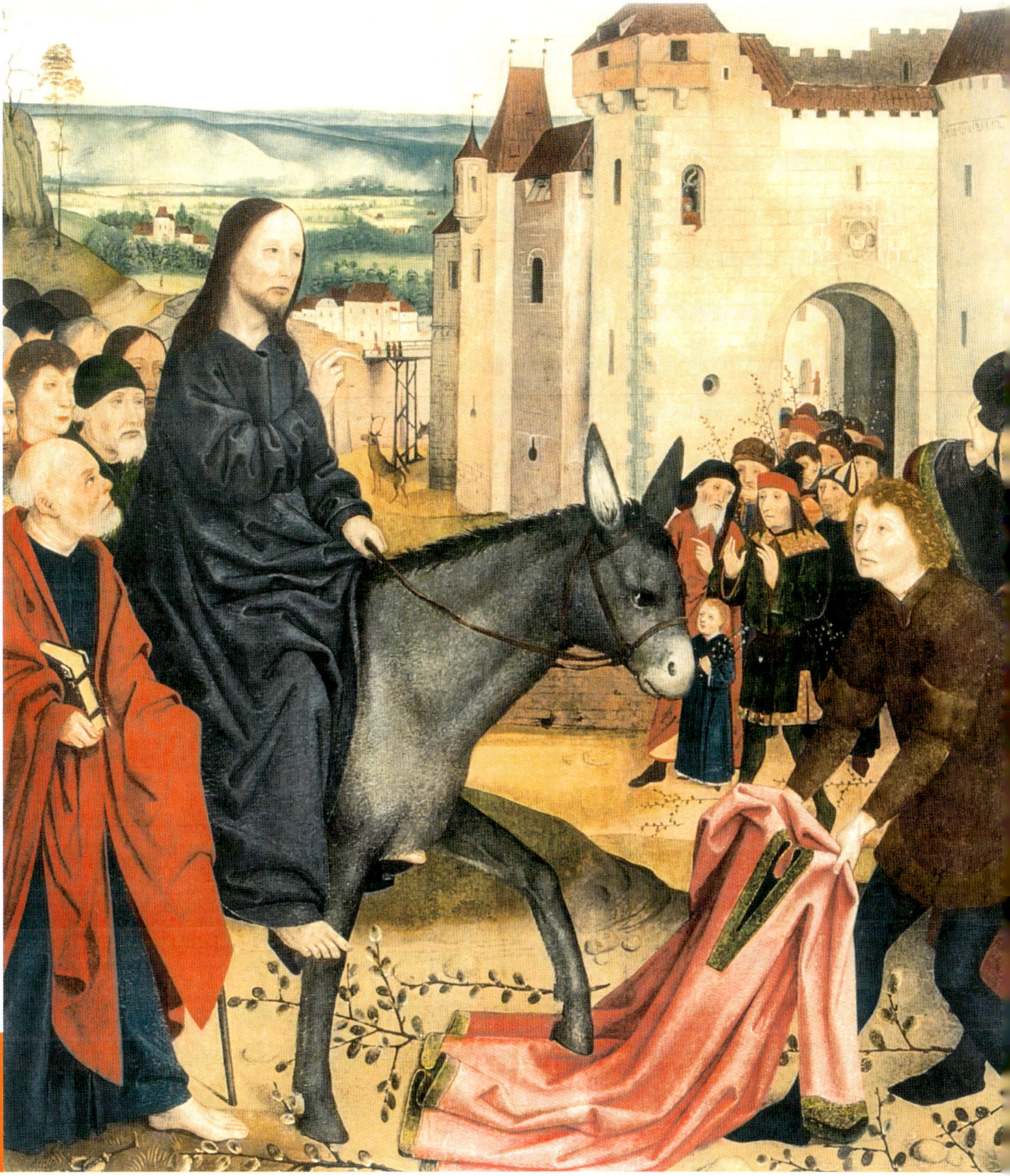

Meister des Schottenaltars: Jesu Einzug in Jerusalem

Noch heute ist es in manchen Gegenden wie Süddeutschland und Österreich Brauch, am Palmsonntag, dem Sonntag vor Ostern, Palmkätzchen zu tragen. Sie erinnern an den Einzug Christi in Jerusalem. Dort wachsen echte Palmen. Bei uns nahm man die Zweige einer Weidenart und gab ihnen den Namen Palmkätzchen.

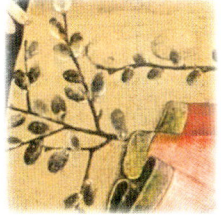

Jesus nimmt Abschied

Das letzte Abendmahl

Die zwölf Apostel, die engsten Vertrauten von Jesus, waren Petrus, Andreas, Jakobus der Ältere, Johannes, Philippus, Bartholomäus, Matthäus, Thomas, Jakobus der Jüngere, Simon Zelotes, Judas Thaddäus und Judas Ischarioth, der ihn verriet.

Die Apostel sind aufgeregt. Jesus hat gerade gesagt, dass einer von ihnen ihn verraten werde. Das hat alle in Bestürzung versetzt. Sie haben sich zu Dreiergruppen zusammengeschlossen und reden aufeinander ein.

AUS DEM NEUEN TESTAMENT

Als der Tag des jüdischen Festes der ungesäuerten Brote kam, bereiteten die Jünger das Paschamahl. Am Abend begaben sich alle zu Tisch. Während sie aßen, sagte Jesus zu ihnen: »Einer von euch wird mich verraten.« Da erschraken sie alle und fragten: »Bin ich es, Herr?« Jesus antwortete: »Der, der die Hand mit mir in die Schüssel getaucht hat, wird mich verraten.« Nun fragte Judas: »Bin ich es etwa, Meister?« Jesus gab ihm zur Antwort: »Du sagst es!«
Dann nahm Jesus Brot und sprach ein Gebet. Er brach das Brot, reichte es den Jüngern und sagte: »Nehmt und esst, das ist mein Leib, der für euch hingegeben wird.« Dann nahm er den Kelch, dankte wiederum und reichte ihn den Jüngern mit den Worten: »Das ist mein Blut, das für euch vergossen wird zur Vergebung der Sünden. Tut dies zu meinem Gedächtnis. Und liebet einander, wie ich euch geliebt habe.«

DER MALER

Leonardo da Vinci (1452–1519), der zu den Hauptmeistern der italienischen Hochrenaissance* gehört, war ein Universalgenie. Er malte nicht nur so berühmte Bilder wie das Abendmahl und die Mona Lisa, sondern war auch Bildhauer, Architekt, Naturforscher, Erfinder und Schriftsteller. Gearbeitet hat er in Florenz, Mailand, Rom und für den französischen König auf Schloss Cloux in Frankreich.

Bin ich es, Herr? Ist es der da drüben?

Die Apostel drehen und wenden sich. Blicke und Gebärden durchkreuzen das Bild. Alle hat große Unruhe erfasst.
Jesus sitzt in der Mitte etwas abgesondert von den Übrigen. Das helle Fenster im Hintergrund hebt ihn hervor. Geschlossen wie ein Dreieck ist seine Haltung, jung und ebenmäßig sind seine Gesichtszüge. So hat Leonardo ihn vor allem als einen vollkommenen Menschen gezeigt. Im Gegensatz zu den Übrigen ist Jesus ruhig in sich gekehrt – und einsam. Judas, der Verräter, gehört noch zu den Aposteln. Links von Christus sitzt er mitten unter ihnen. Nur am Geldbeutel ist er zu erkennen. Für seinen Verrat bekommt er nämlich dreißig Silberlinge.

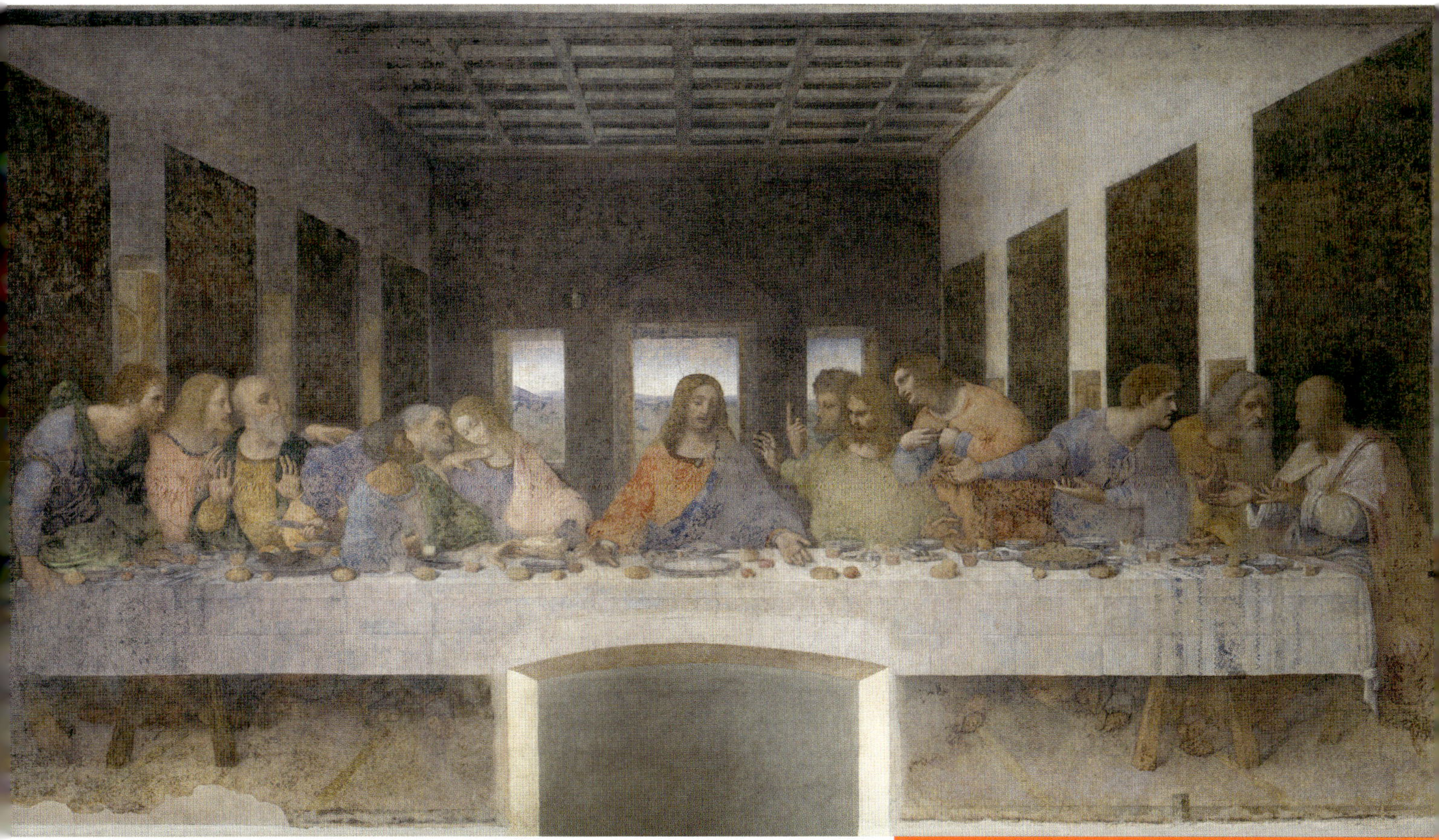

Leonardo da Vinci: Das letzte Abendmahl

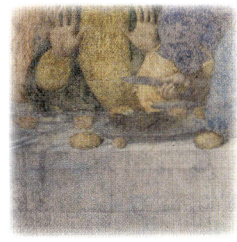

Das Paschafest feiern die Juden zur Erinnerung an den Auszug aus Ägypten (siehe Seiten 30/31). Zur Zeit Jesu wurde dieses Fest in Jerusalem im Tempel begangen. So kamen viele Pilger dorthin. Man aß ein Lamm, das im Vorhof des Tempels geschlachtet worden war, bittere Kräuter und ungesäuertes Brot (ohne Sauerteig gebacken). Der Hausherr betete und teilte Brot und Wein aus. Auch Jesus hat mit seinen zwölf Aposteln das Fest so gefeiert, als er das heilige Abendmahl zu seiner Erinnerung einsetzte.

Wenn Kinder zum ersten Mal an der heiligen Kommunion, am Abendmahl, teilnehmen dürfen, feiern die katholischen Kinder das Erstkommunionsfest und die evangelischen die Konfirmation.

Leonardo da Vinci schuf dieses Bild für den Speisesaal des Klosters Santa Maria delle Grazie in Mailand. Leider kann man nicht mehr alles gut erkennen, weil das Gemälde schlecht erhalten ist. Leonardo experimentierte gerne mit Farben und Techniken. So verwendete er hier eine von ihm selbst erfundene Farbmischung, die aber nicht sehr haltbar war.

Judas verrät Jesus

Die Gefangen-nahme

Der Judaskuss von Giotto gehört wie auch die Auferweckung des Lazarus (siehe Seiten 72/73) zur Ausgestaltung der Arenakapelle in Padua, die Giottos Hauptwerk ist. Judas steht mit seinem gelben Umhang und seiner massigen Gestalt im Zentrum des Bildes. Er umarmt Jesus. Ganz nah sind sich ihre Gesichter. Jesus ist größer als Judas, doch dieser verdeckt und vereinnahmt ihn. Mit seinem Gelb übertönt der Umhang des Judas alle übrigen Farben. Im Block bedrängen die Soldaten Jesus, scharfe Blicke durchschneiden das Bild, prallen aufeinander. Waffen spießen in den Himmel. Gleich wird Judas Jesus küssen. Ihre Blicke kreuzen sich. Das ist der »Augenblick« des Verrats, der das ganze Bild bestimmt. Die Soldaten wissen nun, wer Jesus ist. Wie zur Bekräftigung zeigt auch der Pharisäer* vorne rechts auf ihn.

AUS DEM NEUEN TESTAMENT

Nach dem Abendmahl ging Jesus mit den Jüngern zum Ölberg. Während Jesus dort betete, holte Judas die Soldaten. Sie kamen mit Fackeln und Waffen. Judas hatte ihnen gesagt: »Der, den ich küsse, der ist es.« So ging Judas zu Jesus und küsste ihn. Die Solda-ten nahmen Jesus fest und fesselten ihn, um ihn in das Haus des Hohepriesters* zu bringen. Das war der Oberste des Hohen Rates* der Juden. Petrus aber, der ein Schwert bei sich hatte, zog es und schlug Malchus, dem Diener des Hohepriesters, ein Ohr ab. Da sagte Jesus zu Petrus: »Steck das Schwert weg.« Dann heilte er den Mann. Vor dem Hohen Rat wurde Jesus die ganze Nacht verhört. Sie verurteilten ihn zum Tod am Kreuz. Dann brachten sie ihn zum römischen Statthalter Pontius Pilatus. Der fragte Jesus: »Bist du der König der Juden?« Jesus antwortete: »Du sagst es, aber mein Reich ist nicht von dieser Welt. Ich bin in die Welt gekommen, um für die Wahrheit Zeugnis abzulegen.« Obwohl Pilatus keine Schuld an Jesus fand, lieferte er ihn aus, damit sie ihn kreuzigen konnten. Die Soldaten verspotteten Jesus, geißelten ihn und krönten ihn mit einer Dornenkrone.

Auch zu einer Auseinandersetzung ist es gekommen!
Petrus will Jesus retten. Er schlägt Malchus ein Ohr ab. Einer der Jünger flieht. Der Scherge* ganz vorne greift nur noch seinen Umhang.

Warum hat Judas das getan?

Niemand weiß es. Wenig später tat es ihm leid. Er brachte die dreißig Silberlinge, die er dafür vom Hohen Rat erhalten hatte, zurück und er-hängte sich.

DER MALER

Zu **Giotto di Bondone** siehe Seite 72

Der Ölberg liegt östlich von Jerusalem. Dort gab es in einem Olivenhain einen Garten mit dem Namen Getsemani. Da betete Jesus oft.

Jesus stirbt am Kreuz

Die Kreuzigung

AUS DEM NEUEN TESTAMENT

D ann führten die Soldaten und Mitglieder des Hohen Rates* Jesus hinaus zu einem Hügel namens Golgota, wo er gekreuzigt werden sollte. Jesus musste selbst das Kreuz tragen. Als er unter der schweren Last zusammenbrach, zwangen sie einen der umstehenden Männer, ihm zu helfen. Eine große Menschenmenge folgte zur Hinrichtungsstätte. Dort nagelten sie Jesus ans Kreuz. Die Menschen standen dabei und sahen zu. Am Kreuz wurde eine Tafel mit der lateinischen Aufschrift »INRI« angebracht, der Abkürzung von »Iesus Nazarenus Rex Iudaeorum«, das bedeutet: Jesus von Nazareth, König der Juden. So wurde seine Schuld angegeben. Die Soldaten würfelten um seine Kleider und verteilten sie. Viele beschimpften und verhöhnten Jesus. Als er Durst bekam, reichten sie ihm einen Schwamm mit Essig. Zusammen mit Jesus wurden auch zwei Verbrecher gekreuzigt, der eine rechts von ihm, der andere links. Einer von ihnen verspottete Jesus: »Bist du nicht der Messias? Dann hilf dir doch selbst!« Der andere aber sagte: »Dieser hat nichts Unrechtes getan. Jesus, denk an mich, wenn du in dein Reich kommst.« Da antwortete Jesus: »Amen, ich sage dir: Heute noch wirst du mit mir im Paradies sein.« Dann kam eine große Finsternis über das Land. Jesus rief laut: »Vater, in deine Hände lege ich meinen Geist!« und starb. Die Erde bebte. Der Vorhang im Tempel riss von oben bis unten entzwei. Als der Hauptmann der Soldaten sah, was geschehen war, sagte er: »Wahrhaftig, dieser Mensch war Gottes Sohn!«

DER MALER

Hans Memling (um 1433–1494) gehört zu den altniederländischen* Malern. Er stammte aus Deutschland, ging aber wahrscheinlich bei Rogier van der Weyden in Brüssel in die Lehre. Anschließend ließ sich Memling in Brügge nieder, einer reichen Handelsstadt. Dort schuf er seine Andachtsbilder*, Altäre* und Bildnisse* oft auch für weit entfernte Orte. Eine feierliche Stimmung, sanfte Formen, sehr wirklichkeitsnahe Einzelheiten und eine große Freude am Erzählen kennzeichnen seinen Stil.

Diese Kreuzigungsdarstellung ist das Mittelbild eines Altares*, den Hans Memling für die Greveraden-Kapelle im Lübecker Dom gemalt hat.
Das Kreuz mit Jesus in der Mitte und die Kreuze der beiden Verbrecher überragen alles – die Landschaft mit der Stadt Jerusalem und das Volk, das zusammengekommen ist. Die Sonne hat ihren Schein verloren. Jesus ist tot. Zwei Soldaten stoßen mit der Lanze in seine Seite, um sich zu vergewissern, dass er nicht mehr lebt. Der Hauptmann der Soldaten auf dem Pferd weist mit der Hand zu Christus empor. Er hat verstanden, dass Jesus der Sohn Gottes ist, und bekennt es nun.
Auch der Hohepriester ist gekommen. Man kann ihn rechts an seiner weißen Kopfbedeckung erkennen. Er schaut nicht zu Jesus, sondern unterhält sich mit einem prächtig gekleideten Reiter. Der aber hat hinter sich auf dem Pferd einen Affen sitzen. Damals, als der Maler Memling dieses Bild gemalt hat, galt ein Affe als Sinnbild der Sündhaftigkeit.

Wie reagieren die anderen Menschen?

Vorne links ist Maria, die Mutter Jesu, vor Schmerz in Ohnmacht gesunken. Johannes, der Lieblingsjünger Jesu, und eine der Frauen aus dem Kreis um Jesus stehen ihr bei. Dahinter ringt verzweifelt Maria Magdalena, die auch zum Gefolge von Jesus gehörte, ihre Hände. Die Soldaten rechts würfeln dagegen voll Gier um das Gewand von Jesus. Dahinter schauen und gaffen die Menschen neugierig. Einige unterhalten sich auch. Andere wirken betrübt und traurig und klagen.

Was bedeuten die Knochen und der Totenkopf auf dem Boden?

Der Maler hat sie zur Erinnerung an Adam und die erste Sünde der Menschen gemalt (siehe Seiten 12/13). Der Legende nach soll nämlich Adam genau dort begraben worden sein, wo später das Kreuz Christi errichtet wurde. Durch die Verbindung von Adam und Jesus soll sichtbar werden, dass Jesus seinen Tod als Sühne für die Sünden der Menschen auf sich nahm. Golgota galt bis ins Mittelalter* als Mittelpunkt der Erde.

Hans Memling: Die Kreuzigung

Wunderbare Auferstehung

Jesus besiegt den Tod

AUS DEM NEUEN TESTAMENT

Noch am gleichen Tag wurde Jesus begraben, denn der Sabbat, der Ruhetag für alle Juden, stand bevor. Josef von Arimathäa, ein vornehmer Ratsherr, ging am Abend zu Pilatus. Er bat um den Leichnam Jesu. Dann wurde Jesus vom Kreuz genommen, in ein Leinentuch gewickelt und in ein Grab gelegt, das in einen Felsen gehauen war. Vor den Eingang wurde ein schwerer Stein gewälzt. Die Pharisäer* ließen Wächter aufstellen, weil sie sich erinnerten, dass Jesus von seiner Auferstehung gesprochen hatte. Am Tag nach dem Sabbat gingen drei Frauen, die zu Jesu Gefolge gehörten, zum Grab. Sie wollten seinen Leichnam mit kostbaren Ölen salben. So war es Brauch bei den Juden. Auf dem Weg dorthin machten sie sich Sorgen, wer ihnen wohl den Stein wegwälzen könnte. Denn der Stein war sehr groß. Doch als sie ans Grab kamen, war es offen. Auch die Wächter waren nicht mehr da. Die Frauen erschraken. Da erschien ein Engel und sagte zu ihnen: »Der, den ihr sucht, ist nicht mehr hier. Jesus, der Gekreuzigte, ist von den Toten auferstanden.«

DER MALER

Matthias Grünewald (um 1470/1480 bis 1528) war einer der bedeutendsten deutschen Maler des 16. Jahrhunderts. Man weiß nicht genau, wann er geboren wurde und wo er sein Handwerk erlernte. Er arbeitete unter anderem in Aschaffenburg und Frankfurt. Besonders berühmt ist er für seinen künstlerischen Umgang mit Farbe und Licht. Grünewalds Hauptwerk ist der sogenannte Isenheimer Altar*, zu dem auch diese Auferstehung gehört.

Weil die Auferstehung an einem Sonntag, dem Tag nach dem Sabbat (Samstag) geschehen ist, ist dieser Tag für die Christen zum Ruhe- und Feiertag geworden.

Niemand hat die Auferstehung von Jesus gesehen. Die Wächter fielen vor Schreck wie tot um und liefen, als sie wieder zu sich kamen, weg. Die Menschen haben sich aber immer wieder überlegt, wie es gewesen sein könnte. Hier zeigt uns der Maler Matthias Grünewald, wie er sich die Auferstehung Jesu vorstellte: Die Wächter in ihren Rüstungen stürzen wie von einer unsichtbaren Macht geworfen auf den Boden. Licht blendet sie. Der Deckel des steinernen Grabs hat sich geöffnet. Über allem erscheint wie in einem Feuerball der auferstandene Jesus. Jesus schwebt. Er zeigt uns die Wunden seiner Kreuzigung – sie leuchten! Das weiße Grabtuch hat sich noch nicht ganz von ihm gelöst. Aber sein Gesicht erstrahlt und sein Körper ist frei von aller irdischen Schwere. Glühende Farben und strahlende Helligkeit umgeben ihn. Jesus ist zu einer Lichtgestalt geworden.

Was bedeutet Auferstehung?

Den Tod zu überwinden, das wünschen sich alle Menschen. In vielen Religionen glaubt man an eine Wiedergeburt in einem anderen Körper. Für Christen bedeutet die Auferstehung ein Weiterleben in einer verwandelten Form. Auch der Maler zeigt uns, dass die Auferstehung von Jesus nicht einfach eine Rückkehr ins Leben, sondern eine Verwandlung ist. Sein früherer Körper geht in Licht über. Aber er verliert seine Gestalt dabei nicht. So ist für Grünewald, der vor fünfhundert Jahren lebte, Auferstehung wie ein »Gang ins Licht«.

Matthias Grünewald:
Die Auferstehung
Jesu Christi

Glauben oder fühlen?

Der ungläubige Thomas

Caravaggio hat dieses Bild des Apostels für einen Kunstsammler in Rom, nicht für einen Altar* gemalt, vor dem Gläubige beten. Deshalb konnte er die Geschichte so besonders wirklichkeitsnah und packend darstellen.
Köpfe und Hände, Hell und Dunkel und alles ganz nah!
Jesus hat seinen Umhang weggeschoben. Die Wunde an seiner Seite ist sichtbar. Mit seiner linken Hand führt Jesus den Zeigefinger von Thomas in seine Wunde. Der Apostel hat ihn ausgestreckt und runzelt die Stirn vor Aufmerksamkeit. Er schaut voll Anspannung und Konzentration. Thomas konnte nicht glauben, dass Jesus auferstanden ist. Nun kann er es sogar greifen. Auch die beiden Apostel hinter ihm blicken gebannt auf die Wunde. Ganz nah sind ihre Köpfe beisammen. Sie alle haben jetzt einen Beweis.

AUS DEM NEUEN TESTAMENT

Nach seiner Auferstehung erschien Jesus seinen Jüngern. Sie hatten Angst, weil sie ihn für einen Geist hielten. Er aber sagte: »Erschreckt nicht, ich bin es wirklich.« Und er aß und trank sogar mit ihnen. Der Apostel Thomas war nicht dabei, deshalb konnte er nicht glauben, dass Jesus von den Toten auferstanden war. Er sagte: »Wenn ich nicht die Wundmale der Nägel an seinen Händen sehe und meine Finger in seine Seitenwunde legen kann, glaube ich es nicht.« Als die Jünger sich acht Tage darauf wieder versammelt hatten, war auch Thomas unter ihnen. Die Tür war verschlossen, denn sie hatten Angst vor den Juden und Römern. Da erschien Jesus plötzlich unter ihnen. Er sagte zu den Aposteln: »Friede sei mit euch!« Danach sagte er zu Thomas: »Thomas, streck deinen Finger aus – hier sind meine Hände! Streck deine Hand aus und leg sie in meine Seite. Sei nicht ungläubig, sondern gläubig!« Nun wusste Thomas, dass es wirklich Jesus war, und er antwortete: »Mein Herr und mein Gott.« Jesus aber sprach: »Weil du mich gesehen hast, glaubst du. Selig sind die, die mich nicht gesehen haben und trotzdem glauben.«

Der Apostel Thomas soll später bis nach Indien gekommen sein. Sein Grab wird in der indischen Stadt Madras verehrt. Als die portugiesischen Seefahrer zu Beginn des 16. Jahrhunderts nach Indien kamen, fanden sie dort tatsächlich schon seit alten Zeiten bestehende christliche Gemeinden vor, die »Thomaschristen« genannt wurden.

Was heißt glauben?

Glauben ist nicht dasselbe wie wissen. Es heißt etwas für wahr halten, auf etwas vertrauen, auch wenn es für uns nicht beweisbar ist.

DER MALER

Zu **Caravaggio** siehe Seite 58

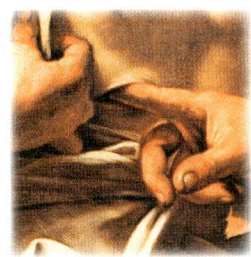

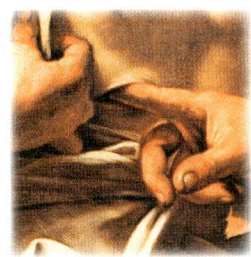

Caravaggio: *Der ungläubige Thomas*

Der Maler Caravaggio zeigt uns das Geschehen so nah und direkt, als wären wir selbst dabei, als könnten auch wir unsere Hand in die Wunde legen. Aber würdest du das wirklich wollen? Caravaggio hat viele Bilder so gemalt, dass der Betrachter ganz direkt angesprochen wird. Und er regte zahlreiche andere Maler dazu an, Bilder zu malen, die starke Gefühle und Nachdenken auslösen.

Jesus entschwindet in den Wolken

Die Himmel-
fahrt

Auf einem Hügel vor den Stadtto-
ren von Jerusalem sind die Jünger
versammelt. Sie blicken nach oben.
Voll Ehrfurcht sind sie auf die Knie
gefallen. Manche scheinen kaum zu
begreifen, was da gerade geschieht.
Ganz oben am Himmel unter den
Wolken entschwinden die Füße von
Jesus Christus ihrem Blick.
Viele Künstler haben die Himmelfahrt so dargestellt, dass Jesus einen
großen Schritt in den Himmel hinauf
macht oder dass er voll Schwung
nach oben fährt. Manchmal begleiten ihn dabei auch Engel. In manchen Bildern entschwindet Jesus
einfach. Auch der Maler Jan Joest
von Kalkar hat in seinem Bild nur die
von Wolken schon fast verdeckten
Beine von Jesus wiedergegeben.
Doch auf dem grün bewachsenen
Felsen darunter haben seine Füße
einen Abdruck hinterlassen!

AUS DEM NEUEN TESTAMENT

....

Noch mehrmals begegnete Jesus nach seiner Auferstehung seinen Jüngern. Dabei gebot er ihnen:
»Gehet hin zu allen Völkern und macht alle
Menschen zu meinen Jüngern. Tauft sie auf den Namen
des Vaters und des Sohnes und des Heiligen Geistes. Ihr
werdet meine Zeugen sein, und seid gewiss: Ich bin bei
euch alle Tage bis zum Ende der Welt.« Er versprach ihnen auch, dass sie die Kraft des Heiligen Geistes emp-
fangen würden. Dann führte er sie aus der Stadt Jerusalem hinaus. Sie gingen zum Ölberg. Dort segnete er sie,
danach wurde er vor ihren Augen emporgehoben. Eine
Wolke nahm ihn auf und entzog ihn ihren Blicken. Während sie noch staunend zum Himmel schauten, standen
plötzlich zwei Engel in weißen Gewändern da und sagten: »Ihr Männer, was steht ihr da und schaut zum Himmel empor? Dieser Jesus, der von euch ging und in den
Himmel aufgenommen wurde, wird wiederkommen, so
wie ihr ihn habt zum Himmel aufsteigen sehen.«

DER MALER

....

Jan Joest von Kalkar wurde wohl um 1460 geboren und
starb 1519. Die meiste Zeit dürfte er in der holländischen
Stadt Haarlem gearbeitet haben, wo er auch als reicher Mann
starb. Einige Jahre verbrachte er aber in Kalkar. Dort bemalte
er die Flügel des großen geschnitzten Altares*, zu dem auch
dieses Gemälde gehört. Jan Joest gab viele Einzelheiten sehr
genau wieder. Er wird wegen seines Malstiles zur altnieder-
ländischen* Malerei gezählt.

Auch Maria, die Mutter Jesu, ist in
diesem Bild bei der Himmelfahrt
dabei. Das berichtet die Bibel nicht.
Wie um Trost zu finden, hat sie ihre
Hände um die Finger von Petrus
gelegt. Ihn sehen wir nur von hinten.
Der Auftraggeber des Altares*, zu
dem diese Bildtafel gehört, war eine
fromme Bruderschaft, in der Maria
besonders verehrt wurde. So war
es wahrscheinlich ihr Wunsch, dass
Maria, die ja auch als Mutter und
Sinnbild der Kirche gilt, bei der Himmelfahrt dabei ist und ganz vorne
im Bild erscheint.
Bruderschaften sind fromme Vereinigungen, deren Mitglieder gemeinsam beten und sich um kranke und
bedürftige Menschen kümmern.

Jesu Himmelfahrt geschah 40 Tage nach Ostern kurz vor
Pfingsten. Damit war sein Erdenleben zu Ende. Seine
Jünger konnten sehen, wie er die Erde verließ. Doch das
Ziel war für die Menschen nicht erkennbar. Jesus kehrte
zum Vater zurück. Doch wo ist das Reich Gottes?

Feuerzungen vom Himmel

Das Pfingstwunder

Was bedeutet »Pfingsten«?

Dieses Wort kommt aus dem Griechischen, es heißt »fünfzig«. Fünfzig Tage nach dem Paschafest wurde im alten Israel das Erntefest gefeiert, an dem man Gott dankte und an seinen Bund mit Mose erinnerte. Viele Pilger kamen zu dieser Zeit nach Jerusalem. Für die Apostel ereignete sich an jenem Fest die Herabkunft des Heiligen Geistes. Dies war ein neuer Bund Gottes mit den Menschen. Deshalb gilt Pfingsten auch als Gründungsfest der Kirche. Es wird fünfzig Tage nach Ostern gefeiert.

AUS DEM NEUEN TESTAMENT

N ach der Himmelfahrt Jesu blieben seine Jünger in der Stadt Jerusalem. Jesus hatte ihnen aufgetragen, dort zu bleiben, bis der Geist Gottes über sie käme. Als der Pfingsttag gekommen war, beteten sie in einem Haus, in dem sie sich damals meist aufhielten. Da kam vom Himmel her plötzlich ein Brausen, wie bei einem heftigen Sturm. Es erfüllte das ganze Haus. Dann erschienen ihnen Zungen wie von Feuer, und auf jedem von ihnen ließ sich eine nieder. So wurden alle mit dem Heiligen Geist erfüllt. Wegen des lauten Getöses war aber eine große Menschenmenge zusammengekommen. Als die Apostel nun zu ihnen predigten, hörten sie auch alle jene, die in Jerusalem fremd waren, in ihrer eigenen Muttersprache reden. Sie waren sehr erstaunt. Von nun an verkündeten die Jünger Jesu seine Botschaft in der ganzen Welt.

DER MALER

Peter Paul Rubens (1577–1640) haben wir schon zusammen mit Jan Brueghel d. Ä. auf den Seiten 12/13 kennengelernt. Er ist einer der ganz großen Maler des Barock* und der europäischen Malerei überhaupt. Nach seiner Ausbildung zum Maler in Antwerpen lebte er mehrere Jahre in Italien. Dort lernte er die Werke der führenden Maler seiner Zeit kennen und schuf selbst erste bedeutende Werke. Ab 1609 hielt er sich wieder in Antwerpen, seiner Heimatstadt, auf, wo er eine große Werkstatt mit vielen Schülern und Gehilfen betrieb und Aufträge aus ganz Europa ausführte. Rubens reiste aber auch damals noch viel, denn er war auch als Diplomat tätig.

Unruhe und Bewegung haben die Männer und Frauen erfasst. Gebetbücher und Schriftrollen sind zu Boden gefallen. In einer Wolke über ihnen ist der Heilige Geist in Gestalt einer Taube erschienen. Lichtstrahlen und Feuerzungen fallen auf die Apostel herab. Betend steht Maria, die Mutter Jesu, aufgerichtet wie eine Säule in der Mitte. Über ihrem Kopf schwebt eine Feuerzunge. Auch über all jenen, die hinter ihr stehen, erscheinen Feuerzungen. Die meisten Apostel im Vordergrund knien dagegen noch und warten auf die Feuerzungen. Sie schauen ergriffen nach oben und beten. Rechts hat sich gerade eine Feuerzunge auf das Haupt eines Knienden niedergelassen. Da beginnt er sich aufzurichten.

Der Heilige Geist ist der von Jesus versprochene göttliche Beistand. Er gibt den verängstigten Aposteln wieder Mut. Deshalb hat der Maler Peter Paul Rubens die Herabkunft des Heiligen Geistes ganz wörtlich als Aufgerichtetwerden gemalt. Diejenigen, auf die sich die Feuerzungen schon herabgelassen haben, stehen aufrecht, die meisten anderen sind noch gebeugt.

So wie beim Bau des Babylonischen Turmes (siehe Seiten 18/19) die Sprache der Menschen verwirrt wurde, weil sie hochmütig waren, so ließ der Geist Gottes nun beim Pfingstwunder die Menschen der unterschiedlichsten Sprachen einander verstehen.

Peter Paul Rubens: Die Ausgießung des Heiligen Geistes

Geheimnisvolle Erscheinungen

Die Offenbarung des Johannes

Am Ende des Neuen Testaments berichtet der Seher Johannes von einer Vision, die er auf der Insel Patmos im Ägäischen Meer hatte. Das, was er damals sah und hörte, schrieb er in ein Buch: »Ich, euer Bruder Johannes, ich war auf der Insel Patmos um des Wortes Gottes willen und des Zeugnisses für Jesus. Am Tag des Herrn wurde ich von Gott ergriffen und hörte eine Stimme. Sie sprach: Schreib das, was du siehst, in ein Buch!« Dann sah Johannes Jesus, den Menschensohn, und den Thron des Allerhöchsten und ein Buch mit sieben Siegeln. Er sah ein Lamm, das diese Siegel aufbrach, und Engel, die mit ihren Posaunen die Welt erschütterten. Und eine Frau in der Sonne und ein großes Gericht, durch das alles Böse vernichtet werden sollte. Johannes sah aber auch eine neue Welt, eine neue Erde und ein neues Jerusalem. Da wird Gott unter den Menschen wohnen und alle werden sein Volk sein. Es wird keine Trauer mehr geben und keine Mühsal. Und auch der Tod wird nicht mehr sein. Und keine Nacht wird es mehr geben, denn der Herr wird über allem leuchten. All das sah Johannes und schrieb es in seinem Buch nieder.

DER MALER

Hans Burgkmair der Ältere (1473–1531) lebte als Maler und Zeichner in Augsburg. Zur Ausbildung war er in Venedig gewesen. Das, was er dort an moderner Kunst gesehen hatte, verband er später mit der zu seiner Zeit in Augsburg üblichen Malerei. Eine ganz besondere Leistung für seine Zeit stellt seine Naturwiedergabe vor allem im Johannes-Bild dar.

Hans Burgkmair malte Johannes bei seiner Vision: Wie bei einem Sturm peitscht der Wind durch die Bäume. Wolken ziehen über den Himmel. In der Ferne verlieren sich die Berge und das Meer. Inmitten der aufgewühlten Natur sitzt Johannes mit seinem roten Gewand. Er will gerade etwas niederschreiben. Seine Pergamentblätter liegen neben ihm bereit. Damals schrieben die Menschen auf getrocknete Tierhäute. Doch Johannes hat seinen Kopf erhoben. Ganz erregt schaut er zum Himmel. Sein Inneres ist genauso aufgewühlt wie die Natur.

Ein heller Lichtstrahl fällt auf Johannes. In seinem Zentrum erscheint Maria als Vermittlerin seiner Eingebungen. Doch sie wurde erst später ins Bild gemalt. Ursprünglich war hier vielleicht der Engel, von dem der Text in der Bibel erzählt. Auf jeden Fall wollte Burgkmair Johannes als einen vom Himmel beauftragten Schreiber zeigen.

Sieht es auf Patmos so aus?

Die Natur, die Johannes um-
gibt, wirkt sehr fremdlän-
disch. Natürlich, Patmos
ist weit weg! Es ist eine der
griechischen Inseln vor der
türkischen Küste. Der Maler
kannte sie nicht. Damals, am
Anfang des 16. Jahrhunderts,
konnte man nicht so einfach
dorthin reisen wie heute.
Deshalb hat er fremdländi-
sche Bäume aus Bildern anderer Künstler abgezeichnet
und wohl auch exotische
Gewächse in den Gärten
der reichen Augsburger
Kaufmannsfamilie Fugger
studiert.
Der links im Bild dargestellte
Baum ist eine Kokospalme
und der Baum rechts ein
Drachenbaum. Die wachsen
eigentlich in Afrika, nicht
auf Patmos. Der im Sturm
gebeugte Baum in der Mitte
ist eine Dattelpalme. Auch
am Boden wachsen mitten
unter unseren einheimi-
schen Pflanzen exotische
Gewächse.

Hans Burgkmair der Ältere:
Johannes auf Patmos

91

WORTERKLÄRUNGEN

Altar, Altäre
Ursprünglich war ein Altar ein Stein, auf dem Tiere und Früchte geopfert wurden. Heute versteht man darunter den Tisch des Herrn in der Kirche. Er dient zum Feiern des Gottesdienstes. Manchmal sehen Altäre wie große Blöcke aus, manchmal wie ein Tisch. Die älteren haben einen Aufbau, der mit Bildern oder Skulpturen geschmückt ist.

altniederländisch
Früher gehörten das heutige Belgien und die heutigen Niederlande (Holland) politisch zusammen. Sie trugen gemeinsam den Namen Niederlande. Zur besseren Unterscheidung wird die Kunst dieser gemeinsamen Zeit »altniederländisch« genannt.

Andachtsbild
Andachtsbilder zeigen heilige Personen, meist Jesus oder Maria. Sie sind so gemalt, dass man vor ihnen besonders gut beten kann, weil sie unsere Gefühle ansprechen.

antik, Antike
Damit ist das griechische und römische Altertum gemeint.

Barock
Das ist ein Stilbegriff. Er bezeichnet die europäische Kunst von ungefähr 1600 bis 1750. Sein letzter Abschnitt im

18. Jahrhundert, der Spätbarock, wird zum Teil auch als »Rokoko« bezeichnet.

Bildnis siehe Porträt

Evangelium, Evangelien, Evangelist
Das Wort Evangelium kommt aus dem Griechischen und heißt so viel wie »gute Nachricht«. Das Neue Testament enthält vier Evangelien, in denen uns die Evangelisten (Evangelienschreiber) Matthäus, Markus, Lukas und Johannes über das Leben Jesu berichten.

Frührenaissance siehe Renaissance

Gotik
Das ist ein Stilbegriff. Damit wird die europäische Kunst des späteren Mittelalters in der Zeit von ungefähr 1150 bis 1400 nördlich der Alpen bezeichnet. Man unterscheidet die Früh-, die Hoch- und die Spätgotik.

Hochrenaissance siehe Renaissance

Hohepriester
Der Hohepriester stand an der Spitze aller Priester und war das religiöse Oberhaupt Israels.

Hoher Rat
Der Hohe Rat war der oberste Gerichtshof der Juden. Er hatte 70 Mitglieder, denen der Hohepriester vorstand.

Martyrium
Damit wird das Leiden und der Tod um des Glaubens und der Überzeugung willen bezeichnet, den viele Heilige auf sich genommen haben. Ein Märtyrer trat mit seinem Tod für die Wahrheit des christlichen Glaubens ein.

Mittelalter
Das ist der Name für den Zeitraum zwischen dem Altertum (Antike) und der Neuzeit, die mit der Renaissance begann.

Pharisäer
Die Pharisäer waren Schriftgelehrte, aber auch Laien, die sich besonders streng um die Einhaltung aller jüdischen Gesetze bemühten. Öfter verloren sie dabei aber in ihrem Buchstabenglauben auch das Wesentliche aus den Augen.

Porträt
Als Porträt oder Bildnis bezeichnet man die Darstellung von bestimmten Menschen. Sie können gemalt, gezeichnet oder auch in Stein, Holz oder Metall gearbeitet sein. So ein Bildnis kann dem Dargestellten sehr ähnlich sehen, es kann ihn aber auch vor allem mit den Zeichen seines Amtes, seiner Stellung in der Gesellschaft, wiedergeben.

Psalm
Das Buch der Psalmen in der Bibel ist eine Sammlung von 150 Gebeten. Sie wurden mit Harfenbegleitung gesungen. Fast die Hälfte aller Psalmen soll König David geschrieben haben.

Radierer, Radierung
Die Radierung gehört zu den so genannten graphischen Künsten, mit deren Hilfe Bilder vervielfältigt wurden. Dabei wird ein Bild mit einer spitzen Nadel in eine Kupferplatte geritzt, mit Säure eingeätzt, dann eingefärbt und auf Papier abgedruckt.

Reliquie
Reliquien sind Überreste von heiligen Personen, zum Beispiel Knochen oder Teile des Gewandes. Sie werden als wertvolle Erinnerungen besonders verehrt und oft in kostbaren Behältern aufbewahrt.

Renaissance
Das ist ein Stilbegriff. So heißt die Kunst, aber auch die ganze Zeit, von etwa 1420 bis 1530 in Italien und etwa 1500 bis 1580 nördlich der Alpen. Ihre letzte Entwicklungsstufe, die Spätrenaissance, wird meist mit einem eigenen Stilbegriff »Manierismus« genannt.

Sabbat
Ruhetag für die Juden, Samstag

Scherge
Das ist ein verächtlicher Ausdruck für jemanden, der schlimme Befehle anderer vollstreckt, ein Henkersknecht.

Schriftgelehrte
Die jüdischen Schriftgelehrten waren weise Männer. Sie legten die heiligen Schriften ihres Volkes aus.

Spätgotik siehe **Gotik**

symmetrisch

Man nennt etwas symmetrisch, wenn es von der Mitte aus nach beiden Seiten gleich gebildet ist. Bei Bildern verwendet man diesen Begriff aber auch, wenn die beiden Seiten von der Mitte ausgehend auffallend ähnlich gestaltet sind.

VERZEICHNIS DER BIBELSTELLEN

Hier kann man die Erzählungen in der Bibel nachlesen:

Das Alte Testament

Wie Gott die Welt erschuf • *Genesis 1*
Der erste Mensch beginnt zu leben • *Genesis 1–2*
Wie das Böse in die Welt kam • *Genesis 3*
Die Geschichte von Kain und Abel • *Genesis 4*
Die große Flut • *Genesis 6–9*
Ein Turm bis in den Himmel • *Genesis 11*
Die Geschichte von Abraham • *Genesis 12–23*
Jakob betrügt Esau • *Genesis 25–27*
Jakobs wunderbare Erlebnisse • *Genesis 28–33*
Die Geschichte von Josef • *Genesis 37–41*
Josefs Brüder kommen nach Ägypten • *Genesis 42–45*
Die Geschichte von Mose • *Exodus 2–13*
Die Zehn Gebote • *Exodus 14–20, 32–34*
Der Fall der Mauern von Jericho • *Josua 6*
David und Goliat • *Samuel I, 16–31, Samuel II, 1–24*
Das Urteil von König Salomo • *Könige I, 1–11*
Judit und Holofernes • *Judit 7–16*

Jeremia – ein Prophet • *Jeremia 1–52*
Die geheimnisvolle Feuerschrift • *Daniel 5–6*
Jona und der Wal • *Jona 1–4*

Das Neue Testament

Ein Engel erscheint Maria • *Lukas 1, 26–38*
Jesus wird in Betlehem geboren • *Matthäus 1, 18–25; Lukas 2, 1–20*
Die Heiligen Drei Könige • *Matthäus 2, 1–12*
Auf der Flucht nach Ägypten • *Matthäus 2, 13–15*
Jesus wird von Johannes getauft • *Matthäus 3, 13–17;*
Markus 1, 9–11; Lukas 3, 21–22; Johannes 1, 29–34
Jesus beruft seine ersten Jünger • *Matthäus 4, 18–22; 9, 9–13; Markus 1, 16–20; 2, 13–17; Lukas 5, 1–11, 27–32; Johannes 1, 35–51*
Die Bergpredigt • *Matthäus 5, 1–7, 29*
Jesus heilt Kranke • *Johannes 5, 1–18*
Stärker als der Sturm • *Matthäus 8, 23–27; Markus 4, 35–41; Lukas 8, 22–25*
Der verlorene Sohn • *Lukas 15, 11–32*
Der barmherzige Samariter • *Lukas 10, 25–37*
Jesus bei Maria und Martha • *Lukas 10, 38–42*
Jesus weckt Lazarus von den Toten auf • *Johannes 11, 17–44*
Jesus zieht in Jerusalem ein • *Matthäus 21, 1–11; Markus 11, 1–11; Lukas 19, 28–40; Johannes 12, 12–19*
Das letzte Abendmahl • *Matthäus 26, 17–29; Markus 14, 12–25; Lukas 22, 14–23; Johannes 13, 16–30*
Die Gefangennahme • *Matthäus 26, 47–56; Markus 14, 43–52; Lukas 22, 47–53; Johannes 18, 1–11*
Die Kreuzigung • *Matthäus 27, 31–56; Markus 15, 20–41; Lukas 23, 26–49; Johannes 19, 16–30*
Jesus besiegt den Tod • *Matthäus 28, 1–8; Markus 16, 1–8; Lukas 24, 1–12; Johannes 20, 1–10*
Der ungläubige Thomas • *Johannes 20, 24–29*
Die Himmelfahrt • *Apostelgeschichte 1, 9–11*
Das Pfingstwunder • *Apostelgeschichte 2, 1–36*
Die Offenbarung des Johannes • *Offenbarung des Johannes, 1–22*

Für die Erzählungen der Bibel wurden Textstellen zum Teil auch wörtlich entnommen. Sie wurden jedoch zugunsten der Übersichtlichkeit nicht eigens gekennzeichnet.
Als Quelle dienten die Einheitsübersetzung und die Jerusalemer Bibel aus dem Herder Verlag.

....

Abbildungsnachweis:

akg-images: 9, 21, 31, 39 (akg-images/De Agostini Picture Lib./G. Dagli Orti), 51 (akg-images/Erich Lessing), 63 (The National Gallery, London/akg-images), 71, 73 (akg-images/Cameraphoto), 77 (akg-images/Pietro Baguzzi), Royal Palace Amsterdam: 33 (© Foto: T. Haartsen).
Der Verlag Philipp Reclam jun. dankt den Rechteinhabern für Reproduktions- und Abdruckgenehmigungen. Nicht nachgewiesene Abbildungen entstammen den Archiven des Verlags.

Hildegard Kretschmer ist Kunsthistorikerin. Zu ihren Buchveröffentlichungen zählen die Kunstbücher für Kinder *Haben Engel Flügel?*, 2009, und *Das Abenteuer Kunst. Die Geschichte der Malerei*, 3. Aufl. 2010, sowie die bei Reclam erschienenen Bände *Lexikon der Symbole und Attribute in der Kunst*, 2008; *Städteführer Architektur und Kunst Wien*, 2010, und *Architektur der Moderne*, 2013.

....

Alle Rechte vorbehalten
© für diese Ausgabe 2014 Philipp Reclam jun. GmbH & Co. KG, Stuttgart
Gesamtgestaltung: Simin Bazargani, Berlin
Druck und buchbinderische Verarbeitung: Firmengruppe APPL,
aprinta druck GmbH, Wemding
Reclam ist eine eingetragene Marke
der Philipp Reclam jun. GmbH & Co. KG, Stuttgart
978-3-15-010963-2
www.reclam.de